Die Kunst zu leiten

Die Kunst zu leiten

Evangelische Diskussionsbeiträge
zu Führungskompetenz in der Kirche

Presse- und Öffentlichkeitsarbeit / Publizistik (P.Ö.P.)
der Evangelisch-Lutherischen Kirche in Bayern

Titelbild-Collage:
Meister des Hausbuches, Fußwaschung (Joh 13), um 1475, Berlin
Michelangelo, David, 1504, Florenz

ISBN 3-00-007093-1

Herausgegeben 2000
von Susanne Breit-Keßler

Redaktion (verantwortlich) Susanne Breit-Keßler
Presse- und Öffentlichkeitsarbeit / Publizistik (P.Ö.P.)
Landeskirchenamt, Meiserstraße 11–13, 80333 München

Titel, Layout und Gestaltung: Michael Schlierbach
Abbildungen: Michael Fragner
               Michael Schlierbach
               Christian Wellnhofer

© Presse- und Öffentlichkeitsarbeit / Publizistik (P.Ö.P.)
Alle Rechte, auch die des auszugsweisen Nachdrucks,
vorbehalten.

Gedruckt auf chlor- und säurefrei hergestelltem Papier

Gesamtherstellung
gwd Hans Venus GmbH, München

Inhaltsverzeichnis

	Seite
Vorwort	9
1 Selbstverständlich führen!	**10**
Susanne Breit-Keßler, Lieber bleiben als emigrieren	11
Andreas Rickerl, Wertsetzung – Wertschätzung	12
2 Grundsätze	**16**
Dr. Johannes Friedrich, Eine realisierbare Utopie	17
Dr. Dieter Haack, Führen und Leiten in der Kirche	24
Susanne Breit-Keßler, Kommunikative Kompetenz	27
Reiner Appold, Eine spirituelle Aufgabe	34
3 Konkretionen	**46**
Hans Peetz, Evangelisches Leitungsverständnis	47
Hans Löhr, Achtung: Leiten	52
Dr. Joachim Gneist, Die psychologische Sicht	55
Susanne Breit-Keßler, Herr, schütze mich vor meinen Freunden	63
4 Personalentwicklung	**66**
Franz Peschke, Führungspositionen	67
Sigrid Schneider-Grube, Frauenförderung	86
Dorothee Burkhardt, Wir sind Männer und Frauen	95
5 Konfliktfelder	**104**
Dr. Claus Meier, Kirche und Management – Feuer und Eis?	105
Dr. Martin Hoffmann, Quo vadis ecclesia?	122
Dr. Johannes Friedrich, Werben an Christi statt	141
Dr. Matthias Flothow, Informell und anomisch	146
6 Kirche als Serviceagentur?	**162**
Dr. Peter Barrenstein, Ganzheitliche Angebote	163
Susanne Breit-Keßler, Unmögliches wird sofort erledigt	168
AutorInnenverzeichnis	174

Vorwort

Die Publikation gibt den Stand einer Diskussion wieder, wie sie in der Evangelisch-Lutherischen Kirche in Bayern seit einiger Zeit intensiv und diskursiv geführt wird. Zu Wort kommen diejenigen, die auf dem Gebiet „Führen und Leiten" in besonderer Weise gearbeitet und sich in der Öffentlichkeit mehrfach prononciert zu diesem Thema geäußert haben.
Die einzelnen Artikel, die zum Teil bereits in den „nachrichten der Evangelisch-Lutherischen Kirche in Bayern" und in „Unser Auftrag" erschienen sind oder als Vortrag vor einer breiten Öffentlichkeit gehalten wurden, werden erstmalig in dieser komprimierten, für die Drucklegung sorgfältig überarbeiteten und aktualisierten Form vorgestellt – als Arbeitsbuch und Gesprächsgrundlage. Dem dient auch der bewusst breit gehaltene Raum für eigene Notizen.
Die Artikel und die Meinungen ihrer Verfasser und Verfasserinnen stimmen inhaltlich nicht in allen Punkten überein, sind abschnittsweise konträr zu anderen, im Buch publizierten Auffassungen. Das entspricht dem Stand der lebhaften Auseinandersetzung, die nur durch einen solchen regen und respektvollen gegenseitigen Austausch für die Kirche fruchtbar gemacht werden kann.

Susanne Breit-Keßler

1 Selbstverständlich führen!

Verantwortung

Susanne Breit-Keßler

Lieber bleiben als emigrieren

Ein Anruf bei meinem Autohändler ist stets das reine Vergnügen. Obwohl ich nur einen kleinen Wagen fahre – und das, bis er „hinüber" ist –, kennt man mich mit Namen. Ich bekomme schnell einen Termin, wenn eine Reparatur ansteht. Taucht ein Problem auf, werde ich sofort telefonisch davon unterrichtet. An den fälligen TÜV werde ich rechtzeitig erinnert. Natürlich gratuliert man mir mit einer Karte zum Geburtstag und lädt mich zur Vorstellung eines neuen Modells ein.
In der Kirche diskutieren Mann und Frau über Managementfragen und „Kundenfreundlichkeit". Man kann das Kind auch mit geistlicheren Namen nennen – die Dringlichkeit von äußeren und inneren Reformen bleibt. Als ein Beweis mag der Anruf in einer beliebigen kirchlichen Institution samt irgendeiner Frage genügen. Die Antwort wird oft lauten: „Keine Ahnung", „weiß ich leider nicht" und basta. Wer so reagiert, hat mit der Einrichtung, der er oder sie verpflichtet ist, nichts (mehr) am Hut. Wenn jemand auf andere verweist, die man fragen könnte, besteht immerhin Hoffnung auf partielle geistige und seelische Anwesenheit desjenigen. Hohe Identifikation mit der Institution und Loyalität ist nur dort zu vermuten, wo die Bereitschaft zum Weiterhelfen klar artikuliert und auch vollzogen wird. Die spürbare Unlust vieler Mitarbeitenden in der Kirche, sich mehr als beamten- oder tarifrechtlich zu engagieren, hat natürlich mit Leitung zu tun – mit der Leitung, die einem selbst anvertraut ist, und der, die einem tagtäglich begegnet.

Susanne Breit-Keßler

Andreas Rickerl

Wertsetzung – Wertschätzung

Die Uhr zeigt Viertel vor vier. In zwei Stunden werden ihr Mann und ihre Kinder aufstehen. Draußen hat es wieder leicht zu schneien begonnen. Claudia sitzt noch vor ihrer Nähmaschine. Ein Teddybärkopf strahlt sie an: zwei Knöpfe und zwei gestickte Nähte auf einem Stück Wollfilz. Das drollige Gesicht ist fast fertig. Es ziert einen kleinen Rucksack, eine kunstvolle Eigenkreation mit Loden und Innenfutter. Die ersten zehn gingen weg wie warme Semmeln. Eigentlich sollten sie auf dem städtischen Christkindlmarkt am vierten Advent auf dem Stand des evangelischen Kindergartens verkauft werden – aber der Preis, schlappe 25 DM, machte sie zum begehrten Schnäppchen.
Die Eltern der anderen Kinder rissen sich bereits darum, als die Waren im Hinterzimmer des Kindergartens gesammelt wurden. Auf dem Christkindlmarkt war kein einziges von Claudias Designer-Stücken mehr zu haben. Wenn Claudia daran denkt, ärgert sie sich noch immer. „Für den Kindergarten mache ich keinen Rucksack mehr! Die hätte man locker für 60 bis 80 DM verkaufen können. Und dann hätte der Kindergarten wirklich was eingenommen und von dem Geld die dringend benötigten Kinderspielsachen kaufen können."

Anerkennung erwünscht

Wertvolle Lebenszeit

Wie Claudia spenden jedes Jahr zigtausend Gemeindemitglieder der Evangelisch-Lutherischen Kirche in Bayern wertvolle Zeit ihres Lebens. Im Bauausschuss der Ortsgemeinde, bei Jugendgruppen, Konfirmandenfreizeiten rauchen Köpfe, sprudeln Ideen, wird handfest zugelangt. Der Gewinn liegt auf der Hand: ein besseres Zusammenleben, eine schönere Welt, praktizierte Nächstenliebe. Alles ehrenamtlich, versteht sich. Nein, mit einer Entlohnung rechnen sie nicht. Aber eine Anerkennung, das sichtbare Zeichen einer Wertschätzung ihrer Arbeit, das wünschen sich alle.

Claudia, die sich eine mutigere Kindergartenleiterin wünscht, ist keine Ausnahme. Verständlich, dass sie sich darüber ärgert, wenn der Wert ihrer Arbeitsstunde nur mit drei Mark geschätzt wird – mehr Stundenlohn bleibt nicht übrig, wenn man die Materialkosten abzieht. Wie viele andere auch musste Claudia die bittere Erfahrung machen, dass ihre Freizeit als Arbeitszeit nicht so wertgeschätzt wird, wie sie es verdient hat.

Arbeit in der Freizeit braucht Anerkennung

Sparen am falschen Ort

Die Arbeitszeit von hauptamtlichen Mitarbeitenden ist den Steuerzahlerinnen und -zahlern wertvoll. Das beleuchtet eine einfache Rechnung: Ein Referent im Landeskirchenamt, der mit A 13 bezahlt wird, einem Büro und einer halben Sekretärinnenstelle samt PC und Telefon für seine Aufgabenerfüllung ausgestattet ist, verbraucht stündlich mindestens 100 DM Kirchensteuer. Allein, weil es ihn gibt und er bei der Kirche in Lohn und Brot steht.

Zumindest mit diesem Betrag sollte seine Arbeit auch wertgeschätzt werden: von ihm selbst ebenso wie von seinen Vorgesetzten. „Mindestens" deshalb, weil an vielen Positionen zusätzlich auch noch das verschlungen wird, was er oder sie nicht einnimmt. Oder was er bzw. sie nicht bei den Ausgaben verhindert. Dazu ein Beispiel: Ein juristischer Referent, der mit der Beantragung staatlicher Zuschüsse befasst ist, erwirtschaftet im monatlichen Schnitt 200 000 Euro staatlicher und kommunaler Mittel. Pro Stunde sind das im Schnitt etwa 1000 Euro.

Steht er etwa für eine Dienstreise in einem überfüllten Zug zwischen München und Nürnberg auf dem Flur, anstatt sich in die erste Klasse zu setzen, um dort ungestört zu arbeiten, verschwendet er in jeder Stunde 1000,– Euro. Das tut er ohne schlechtes Gewissen mit der dienstlichen Weisung, den 50-prozentigen Ticketaufschlag zu sparen. Werden aus Gemein-

Andreas Rickerl

de- und Kirchenleitungen knauserige Kleinkrämer, weil sie meinen, immer sparen zu müssen? Kleinkrämer, die, indem sie Werte falsch setzen, das Geld zum Fenster rauswerfen? Sparverordnungen können zur erstklassigen Geldvernichtung werden. Nicht ganz so offensichtlich, aber dramatischer als im Landeskirchenamt, liegt der Fall beim Gemeindepfarrer: Weil er den Gemeindeetat nicht mit einer studentischen Aushilfe belasten möchte, kehrt er selbst den Hof. Weil der Handwerker 50,- Euro die Stunde verlangt, macht er kleine Reparaturen selbst.

Wertsetzung verlangt ein glückliches Händchen und Gottvertrauen

Wie sähe es aber aus, wenn er jede Stunde, die er bei einem Hausbesuch zubringt, mit 130,- Euro ansetzt? Wenn er die Entwicklungsarbeit der ihm anvertrauten Mitarbeitenden mit 200,- Euro für 60 Minuten bemessen hätte? Dann käme ihm nicht in den Sinn, einfache Büroarbeit selbst zu erledigen, wenn sie für 30,- Euro Stundenlohn von einem Profi schneller und effektiver erledigt werden könnte.

Die Wertsetzung – wie viel der Landeskirchenleitung eine Stunde Hausbesuch wert ist – kann nicht willkürlich geschehen, sondern ist aus dem Auftrag der Kirche im diskursiven Prozess aller Beteiligten zu ermitteln. Dazu gehören Mut, Risikobereitschaft, Entschlossenheit, ein glückliches Händchen und Gottvertrauen. Kirchenleitung wird im Setzen von Werten ausgeübt.

Mut und Risikobereitschaft sind nötig, weil der Hausbesuch in der Regel nicht sofort die Kassen klingeln lässt. Gespräche und persönliche Beziehungen vor Ort sind eine Risikoinvestition in die Zukunft. Weil sich nach lutherischem Verständnis das Evangelium immer ad personam ereignet, ist uns der Hausbesuch wichtiger als die durch das Hofkehren gesparten Mäuse.

Risikoinvestition in die Zukunft

Werte weiterentwickeln

Werte setzen ist eindeutig eine Leitungsaufgabe: Prioritäten setzen, einzelne Werte schätzen und verbindlich festlegen. Es bräuchte die Entschlossenheit, auch Arbeit von Geistlichen mo-

Wertsetzung – Wertschätzung

netär zu bewerten und dann vermutlich zu entdecken, dass die Mitarbeitenden das wertvollste Kapital sind. Dieses anvertraute Gut muss man arbeiten lassen. Damit es arbeiten kann, benötigt es neben dem Mindestmaß an Geldmitteln die konsequente Förderung durch Vorgesetzte. Das Wertvollste will in einer sich ständig verändernden Welt entwickelt sein.

Leitung wird dann so verstanden, dass der Vorgesetzte, die Vorgesetzte die Verantwortung dafür trägt, wie sich Mitarbeiterinnen und Mitarbeiter entfalten. Zielvereinbarungen motivieren und kontrollieren den Erfolg. In ihnen sind Werte gesetzt, die messbar sind. Die Entwicklung der Mitarbeitenden wird langfristig in den Blick genommen, für Haupt- ebenso wie für Ehrenamtliche. Warum sollte nicht auch ein Auswahlkriterium für die Ernennung zum Oberkirchenrat bzw. zur Oberkirchenrätin sein, was aus den Menschen geworden ist, für die der Kandidat bzw. die Kandidatin bisher verantwortlich war? Anders gesagt: In der Kirche machen dann diejenigen Leitungskarriere, die ihre Mitarbeitenden am besten wertgeschätzt haben. Ein starkes Mittel, die eigenen Prioritäten zu kommunizieren.

Andreas Rickerl

2 Grundsätze

Koordinaten-
Kreuz

Dr. Johannes Friedrich

Eine realisierbare Utopie

Unsere Kirche hat sich ein Leitbild gegeben, viele Gemeinden ebenso. Leitbilder haben die Absicht, dem Handeln der Verantwortlichen eine gemeinsame Zielrichtung zu geben, das Erscheinungsbild von Kirche wieder erkennbar zu machen. All dies ist nicht möglich, wenn Leitung in der Kirche nicht wahrgenommen wird – und wenn Leitung nicht von den Leitenden am Leitbild ausgerichtet wird.
Wie soll eine Kirche, die offen und deutlich, aufgeschlossen und verlässlich dem Glauben und dem Leben dienen will, aussehen? Welches Bild soll sie bieten, was sollen wir, die wir haupt- oder ehrenamtlich Kirche repräsentieren, ausstrahlen?

Attraktive Ausstrahlung

Ich wünsche mir, dass die Menschen, die Kirche repräsentieren, offen, fröhlich, selbstbewusst und menschenfreundlich sind, dass sie Liebe zu den Menschen ausstrahlen und gemeinsam ein überzeugendes und vertrauenswürdiges Bild bieten. Offenheit, Pluralität, Toleranz, Dienstbereitschaft und Verantwortungsgefühl für diese Gesellschaft sind Eigenschaften einer solchen Kirche.

Offen, fröhlich, selbstbewusst und menschenfreundlich

Wir können im dritten Jahrtausend nicht mehr in den Formen einer bürokratisch-konsistorial verfassten Kirche leben, in der von oben diktiert wird, was unten zu geschehen hat. Das gab es faktisch in unserer Kirche zwar nie, aber „die da oben" sind sehr lange Zeit davon ausgegangen, dass es so geschehen müsse.
Das Bild für eine zukünftige Kirche muss erstens durch ein geschwisterliches Miteinander von Hauptamtlichen und Ehrenamtlichen, von Mitgliedern der Leitungsorgane auf den verschiedensten Ebenen gekennzeichnet sein.

Dr. Johannes Friedrich

Dazu muss ein Zweites kommen: nämlich Leitung, die diese Funktion auch wirklich wahrnimmt. Dazu gehört mindestens in den Bereichen Finanzen, Haushalt die Kontrolle, das Wahrnehmen der Dienst- und Fachaufsicht.

Drittens ist wichtig, dass wir im innerkirchlichen Miteinander großen Wert auf Spiritualität legen, in neuen wie in traditionellen Formen. Nur so können wir unsere Kirche im Markt der Meinungen und Weltanschauungen profilieren.

Identität und Aufgeschlossenheit anstreben

Modernität in Führung und Leitung, besonders in der Ablauforganisation der Verwaltung, sowie Aufgeschlossenheit gegenüber den religiösen Bedürfnissen unserer Zeit müssen wir anstreben. Beides soll sich in Zukunft gegenseitig ergänzen.

Ein solches Bild von Kirche hätte eine Menge von Konsequenzen für viele Bereiche:
- für das Miteinander von Ehrenamtlichen und Hauptamtlichen,
- für das Leitungsverhalten in der Kirche,
- für Personalführung und -förderung,
- für die Strukturen,
- für Auftreten und Erscheinungsbild von Kirche, Gemeinden und Repräsentanten dieser Kirche in der Öffentlichkeit.

Die Kirche als Institution, in der Recht und Wirtschaftlichkeit eine große Rolle spielen und spielen müssen, hat eine geistliche und spirituelle Dimension. Das muss sich darin niederschlagen,
- dass Spiritualität in ihren Einrichtungen gepflegt und gefördert wird in Form von Andachten und Zurüstungen von Mitarbeitern und Mitarbeiterinnen;
- dass Vorgesetzte in ihren Mitarbeitenden das Ebenbild Gottes sehen und sie dieser Würde entsprechend behandeln;
- dass beim innerkirchlichen Betriebsklima die Auslegung Luthers zum 8. Gebot beachtet wird, in der das „Afterreden" angeprangert wird. Konkret heißt dies: miteinander und nicht übereinander reden, nichts unter den Teppich kehren, sondern Verantwortung wahrnehmen;

Eine realisierbare Utopie

- dass Mitarbeiter und Mitarbeiterinnen die geistliche Dimension ihres Berufs für andere erlebbar werden lassen, weil sie als Vertreter und Vertreterinnen der Institution Vorbildfunktion haben.

Auswirkungen auf das Leitungsverhalten

Ich wünsche mir, dass wir mehr Menschen mit der Botschaft von Gottes Liebe und Gerechtigkeit erreichen, dass wir selbst etwas davon ausstrahlen und damit andere gewinnen.

Etwas ausstrahlen kann nur, wer selbst fröhlich sein kann, leuchten kann nur, wer nicht ausgebrannt ist. Wenn Leitende dazu helfen wollen, sollten sie so handeln, dass möglichst viele der folgenden Ziele und Visionen erreicht werden:

Leuchten kann nur, wer nicht ausgebrannt ist

- Ich träume davon, dass die Mitarbeitenden mehr Freude, mehr Fröhlichkeit und Erfolgserlebnisse bei ihrer Arbeit haben.
- Ich möchte, dass alle Mitarbeitenden so motiviert sind, dass sie sich innerhalb zu schaffender Strukturen die Begleitung und Förderung ihrer Arbeit holen, die sie brauchen.
- Ich wäre froh, wenn Konflikte offen und geschwisterlich ausgetragen würden und nicht unter dem Mantel der Dienstgemeinschaft verborgen blieben.
- Ich wünsche mir, dass es unter den Mitarbeitenden in der Kirche keinen Neid, keine Eifersucht, wohl aber eine sinnvolle Konkurrenz gäbe, oder – wenn dies nicht möglich sein sollte, dass sie gut mit solchen Gefühlen umgehen könnten.
- Ich arbeite dafür, dass wir eine realistische Einschätzung von Macht in der Kirche bekommen. Macht ist in einer Institution wie der Kirche etwas Wichtiges, das nicht schlecht gemacht werden darf. Aber Macht muss kontrolliert werden, damit sie nicht missbraucht wird. Leitung kann nur gelingen, wenn von allen Beteiligten die dazu notwendige Macht grundsätzlich positiv gesehen wird und nicht aus angeblicher Geschwisterlichkeit (vielleicht manchmal in Wirklichkeit eher aus Feigheit?) die vorhandenen und de-

Dr. Johannes Friedrich

mokratisch kontrollierten Machtmittel nicht angewandt werden.
- Ich ersehne schlanke Strukturen, weniger Zeitaufwand dafür, ohne dabei die Basisnähe zu verlieren.
- Ich wünschte mir, dass wir alle keine Angst vor Veränderungen haben und notwendige Veränderungen fröhlich und getrost andenken und diskutieren.

Wenn ich diese Ziele erreichen will, dann muss es Änderungen in unserer Kirche geben.

Fortbildung

Ich halte es für dringend notwendig, dass alle Hauptamtlichen eine stärkere Begleitung ihrer Arbeit, eine Förderung, mehr Anerkennung erfahren. Dies muss insbesondere für die Pfarrerinnen und Pfarrer durch die Vorgesetzten geschehen. Diese Vorgesetzten müssen für diese Aufgabe durch Fortbildung besser ausgebildet werden. Dafür muss mehr Zeit und müssen mehr Ressourcen vorhanden sein. Dies bedeutet für die Struktur vieler Dekanate, dass Dekane und Dekaninnen für weniger Personen direkte Dienstvorgesetzte sind (für mehr als 30 Personen stelle ich es mir schwierig vor) und dass sie für diese eigentliche Aufgabe der Dekane und Dekaninnen stark von der Gemeindearbeit entlastet werden.

Vorgesetzte müssen entlastet werden

Dasselbe gilt aber auch für die Pfarrer und Pfarrerinnen in den Gemeinden, die ihrerseits Dienstvorgesetzte für Mitarbeitende aus anderen Berufsgruppen sind. Auch sie müssen für diese Aufgabe durch Fortbildung besser ausgebildet werden und brauchen mehr Zeit und Ressourcen dafür.

Ich wünsche mir, dass die Fortbildung für Hauptamtliche für uns alle größere Bedeutung erhält. Es ist eine wichtige Aufgabe der Personalförderung, dass vor allem die Fortbildungen in Anspruch genommen werden, die notwendig sind, nicht in erster Linie die, die den Mitarbeitenden Spaß machen (wobei Notwendigkeit und Spaß sich bei der Fortbildung heutzutage nicht ausschließen sollten). Dazu wäre es gut, wenn Fortbildungsangebote besser abgesprochen, gesteuert und verstärkt auch auf regionaler Ebene angeboten würden. Bei der Fortbildung der Pfarrer und Pfarrerinnen sollte besonderer Wert auf Personalführung, Haushaltsführung, Kassen- und Rechnungswesen und Dienst- und Arbeitsrecht gelegt werden.

Begleitung

Ich halte es für wichtig, dass die Begleitung von Ehrenamtlichen intensiviert wird. Notwendig ist es darum, dass Standards geschaffen und von den Gemeinden eingeführt werden für die Begleitung von Ehrenamtlichen. Das Programm „Evangelisch in Nürnberg" (E.i.N.) hat eine sehr wichtige Unterscheidung der verschiedenen Typen von Ehrenamtlichkeit vorgenommen. Ehrenamtliche in Leitungspositionen und Gremien müssen ganz anders gefördert und begleitet werden als Ehrenamtliche in anderen Bereichen der Gemeindearbeit oder als Ehrenamtliche in Projekten auf Zeit.

Ehrenamt unterscheidet sich

Ehrenamtliche in Gremien reagieren zu Recht ungehalten, wenn sie den Eindruck haben, im Zweifelsfall gilt nur das, was die Hauptamtlichen sagen und tun, wenn sie das Gefühl haben, nicht ernst genommen zu werden, obwohl sie nicht selten eine höhere Leitungskompetenz haben als Theologen, die darin nicht ausgebildet sind.

Für die Begleitung aller Ehrenamtlichen gilt: Wichtig ist eine richtige Würdigung ihrer Arbeit, auch durch kontinuierliche Begleitung, ähnlich wie Mitarbeitergespräche. Hauptamtliche müssen dafür besser und mehr fortgebildet werden. Darauf sollten ihre Vorgesetzten im Gespräch immer wieder hinweisen. Das Ehrenamtlichengesetz geht hier die richtigen Schritte in die richtige Richtung.

Kontrolle ist auch gut

Ich halte es für unverzichtbar, dass Leitung im Bereich unserer Kirche klarer und eindeutiger wahrgenommen wird. Das ist für mich eine der wichtigen Erkenntnisse aus der „München-Kri-

Dr. Johannes Friedrich

Gutes Zureden ersetzt klare Richtlinien nicht

se". Laisser-faire ist mit Leitung unvereinbar. Auch freundliches Ermahnen und geschwisterliches gutes Zureden ersetzen keine klaren Richtlinien und Anweisungen, vor allem nicht in juristischen und finanziellen Fragen.
Ich halte es für dringend notwendig, dass uns allen, die wir Leitungsaufgaben haben, klarer wird, was Leitung auch bedeutet:
- Leitung bedeutet Dienstaufsicht,
- bedeutet das Ernstnehmen des Rechnungsprüfungsamtes mit seinen Aufgaben,
- bedeutet, dass durch Dienstvorgesetzte darauf geachtet werden muss, dass Hauptamtliche die Rolle und die Funktion der kirchengesetzlich vorgeschriebenen Gremien ernst nehmen und entsprechend handeln.

Dienstaufsicht meint nicht, dass ich die Arbeit derer mache, über die ich die Aufsicht habe, meint also nicht, dass ich Belege durchsehe, wenn ich die Aufsicht über eine Verwaltungsstelle habe. Es meint aber schon, dass ich darauf achten muss, dass die kirchengesetzlich vorgeschriebenen Kontrollmechanismen funktionieren (Jahresrechnung, Kassensturz, Rechnungsprüfung und Erledigung von Prüfungsbemerkungen in Prüfberichten).

Macht ist nicht unanständig

Ich erhoffe mir eine Änderung in den Ansichten: dass Leitung wie Macht nichts Unanständiges, sondern etwas Notwendiges sind, das wir um der Menschen, um der Mitarbeitenden, um unserer Kirche willen wahrnehmen müssen; dass diese Leitung immer transparent, freundlich, entschlussfreudig, konsequent, kontrollierbar und nachhaltig geschieht.
Ich hoffe, dass allen eine Trennung zwischen den verschiedenen Leitungsebenen (synodale Gremien und exekutive Leitung) ebenso klar ist wie die notwendige Zusammenarbeit von strategischer (synodaler) und exekutiver Leitung.
„Evangelisch aus gutem Grund" – so lautet das Leitbild anderer Landeskirchen. Ich wünsche mir, dass wir in Bayern auch

Eine realisierbare Utopie

wissen, dass wir aus gutem Grund evangelisch sind und dies selbstbewusst, vertrauenswürdig, offen und deutlich, aufgeschlossen und verlässlich ausstrahlen: zur Ehre Gottes und zum Wohl der Menschen in unserem Land, also um „dem Glauben und dem Leben zu dienen". Alle Leitung in unserer Kirche muss dies zum Ziel haben.

Wir sind aus gutem Grund evangelisch

Dr. Johannes Friedrich

Dr. Dieter Haack

Führen und Leiten in der Kirche

Kirche

Eine Volkskirche braucht institutionelle Formen und auch hierarchische Entscheidungsebenen, so wie jede große weltliche Institution oder Organisation. Sie dürfen nicht zum Selbstzweck werden, vielmehr muss ihre dienende Funktion immer sichtbar sein.
Die Aufgaben und Zuständigkeiten der kirchenleitenden Organe unserer Landeskirche sind in der Kirchenverfassung geregelt.
In Artikel 40 heißt es: „Landessynode, Landessynodalausschuss, Landesbischof und Landeskirchenrat leiten die Evangelisch-Lutherische Kirche in Bayern in arbeitsteiliger Gemeinschaft und gegenseitiger Verantwortung. Die kirchenleitenden Organe sind dafür verantwortlich, dass die Evangelisch-Lutherische Kirche in Bayern in Lehre und Leben, Verkündigung und Seelsorge, Ordnung und Verwaltung ihre Aufgabe erfüllt und ihre Einheit und Freiheit wahrt."
Damit hat sich die Verfassung für eine arbeitsteilige Kirchenleitung ausgesprochen, die vertrauensvolle Zusammenarbeit und ständigen Meinungsaustausch voraussetzt. Auch wenn die Verfassung die Kompetenzen der kirchenleitenden Organe in vielen Fällen regelt, wird es immer Probleme geben, die sich einer Einzelregelung entziehen. Gerade dann sind Kooperation und Kommunikation angesagt.

Kooperation und Kommunikation sind angesagt

Auch in der Kirche sollte die Zeit vorbei sein, in der von oben entschieden wird. Kommunikation zwischen den Leitungsorganen ist das Gegenteil von „Kirchenführung". Kooperation und Konsens sind heute besonders notwendig, weil einfache Antworten nicht mehr ausreichen und Zukunftsperspektiven zu entwickeln sind, die gemeinsam erörtert und getragen werden müssen.

Unsere Kirchenverfassung gibt die richtige Orientierung für verantwortliche und verantwortbare Führungsstrukturen. Sie geht davon aus, dass es in der Kirche Menschen gibt, denen eine Zusammenarbeit nicht schwer fällt, weil sie denselben Auftrag haben und demselben Herren dienen. Sie setzt voraus, dass in der Kirche Menschen hauptamtlich oder ehrenamtlich tätig sind, denen es um die Sache und nicht um ihre Person geht. Die Kirchenverfassung hat sich für die Gleichordnung der kirchenleitenden Organe ausgesprochen, weil sie Konkurrenz- und Machtdenken in kirchlichen Gremien nicht überbewertet.

Die Praxis

- In der Praxis kommt es darauf an, dass die in kirchenleitenden Gremien Tätigen sich ihrer Verantwortung bewusst sind und dem Anspruch gerecht werden, den die Kirchenverfassung an sie stellt.
- Gemeinschaft der kirchenleitenden Organe ist nur möglich im gegenseitigen Vertrauen. Vertrauen ist ohne Anerkennung nicht denkbar. Vertrauen setzt Offenheit voraus. Zur Offenheit gehört das Gespräch und die Information. Die arbeitsteilige Gemeinschaft erfordert ein besonderes Kommunikationssystem.
- Jedes kirchenleitende Organ muss unabhängig von den Zuständigkeiten, die ihm die Verfassung zugewiesen hat, wissen, dass es nie allein Verantwortung trägt.
- Prestigegesichtspunkte sollten im kirchlichen Leitungsbereich keine Rolle spielen.
- Die für die kirchenleitenden Organe entwickelten Grundsätze gelten auch für die gemeindliche Ebene. Auch in der Gemeinde geht es um Führen und Leiten.
- Wir müssen Kompetenzen auf die mittlere und die gemeindliche Ebene verlagern. Der Zentralismus sollte im kirchlichen Bereich abgebaut werden.

Gemeinschaft ist nur möglich im gegenseitigen Vertrauen

- In der Gemeindeleitung kann sich die Zusammenarbeit von Hauptamtlichen, Nebenamtlichen und Ehrenamtlichen besonders bewähren. Ehrenamtliche Mitarbeiter können aus beruflicher und gesellschaftlicher Tätigkeit Erfahrungen einbringen, die verhindern, dass „binnenkirchlich" gedacht wird. Gemeindliche Führung und Leitung ist verantwortlich nur möglich, wenn über den eigenen Kirchturm hinausgeblickt wird.
- Die für Führen und Leiten unverzichtbare Kommunikation muss frühzeitig gelernt und eingeübt werden. Die Ausbildung kirchlicher Mitarbeiter und Mitarbeiterinnen hat sich dieser Aufgabe zu stellen.
- Wir dürfen bei unserem Thema nie vergessen, dass Gott uns führt und leitet und uns einen großen Spielraum für verantwortliches Handeln einräumt.

Dr. Dieter Haack

Susanne Breit-Keßler

Kommunikative Kompetenz

In der Werbung gibt es derzeit ein interessantes Beispiel für Leitungsverständnis. Wer ist der Chef? lautet die Frage in dem entsprechenden Spot. Der Chef ist derjenige, der sich äußerlich von seinen Mitarbeitenden nicht unterscheidet, selbstverständlich und freundlich mit ihnen kommuniziert und sich für Dienstleistungen an ihnen nicht zu schade ist. Er holt sogar Pizza.
In der Kirche nahezu undenkbar. Leitung wird häufig unevangelisch über bloße Funktionen, Quoten oder Hierarchie definiert – weitaus weniger über fachliche und persönliche, emotionale Kompetenz. Natürlich ist das nicht immer so. Zugunsten einer offenen und deutlichen Diskussion müssen real existierende Probleme jedoch zugespitzt werden. Die nachfolgenden Gedanken beziehen sich hauptsächlich auf die, die bezahlt kirchenleitend sind – weniger auf jene, die ehrenamtlich in der Kirchenleitung tätig sind, also in Synode und Landessynodalausschuss.
Die Problematik moderner Kirchenleitung liegt darin, dass es eine tief verwurzelte Angst vor echter Kommunikation gibt – vor interner und externer, vor der innerhalb der eigenen Organisation und vor der mit der Öffentlichkeit. Wer gut und kompetent leiten will, muss aber kommunizieren können, sonst wird seine Form der Leitung zu einem law-and-order-System, zu einem geistlosen willkürlichen Anordnen und zähneknirschenden Gehorchen, zu einem innovations- und motivationsfreien Kommando-Kontroll-Modell.
Wer leitet und in der eigenen Leitungsaufgabe sowohl innerhalb als auch außerhalb der Kirche verstanden werden möchte, muss eine Reihe von geistlichen Qualifikationen haben. Diese geistlichen Qualifikationen sind – schlagwortartig – eine

Wer gut und kompetent leiten will, muss kommunizieren können

kommunikative Persönlichkeit, Respekt vor den Gaben anderer, Fähigkeit zur Macht und ihrer Delegation, angemessene Sprache und Umgangston, Gesellschafts- und Kulturfähigkeit sowie Spiritualität.

Kommunikative Persönlichkeit

Zu einer solchen gehören Ich-Stärke, Profil und eine Botschaft, die Fähigkeit, etwas zu sagen und sich im Prozess der Kommunikation als authentisch, als klar identifizierbar zu erweisen. Eine kommunikative Persönlichkeit ist bewandert in Selbsterkenntnis, steht zu gemachten Lebenserfahrungen (Ehekrisen, aus der Kirche ausgetretene Kinder ...), kann eigene Gedanken und Gefühle präzise wahrnehmen, weil nur so die der anderen wahrgenommen werden können.

Eine kommunikative Persönlichkeit kann zuhören, im Tillichschen Sinn auf Fragen antworten, die tatsächlich gestellt werden, und den anderen, die andere wirklich sein lassen. Das bedeutet Offenheit für andere Lebens- und Glaubensformen. Zu Kommunikationsfähigkeit gehört, kritikfähig, selbstkritisch zu sein und Kritik ertragen zu lernen. Es gehört auch dazu, sorgfältig zwischen sachlicher und emotionaler Ebene zu differenzieren, statt stets und ständig Animositäten, Eitelkeiten und Kränkungen mit Fachfragen zu verquirlen.

Kommunizieren verlangt, sich im Kommunikationsprozess selbst zu verändern

Wer wirklich kommuniziert, lässt sich bewusst auf das Risiko ein, den eigenen Standpunkt nicht halten zu können, weil die anderen Argumente besser sind. Kommunizieren verlangt, sich im Kommunikationsprozess selbst zu verändern. Wer echt kommuniziert, bleibt sich nicht gleich, der muss sich stets reformieren – ecclesia semper reformanda.

Wer innerhalb und außerhalb der Kirche etwas bewegen will, braucht intensive informelle Kommunikationsstrukturen. In geheimbündlerischen Kleingruppen erstellte Strukturreformpläne etwa – ohne Absprache mit den für ihren Arbeitsbereich kompetenten Menschen – reichen dafür nicht aus, geschweige denn hin.

Respekt vor den Gaben anderer

In einer ausdifferenzierten Gesellschaft braucht es ein differenziertes Personen- und Leistungsangebot der Kirchen. Die Zeiten der „eierlegenden Wollmilchsau" sollten eigentlich vorüber sein. Das bedeutet eine Ausbildung, in der die Verantwortlichen immer auch ein Auge für Spezialbegabungen haben. Schließlich ist es biblisches Gebot, die anvertrauten Talente zu nutzen (Mt 25; Luk 19), und sich über die Vielfalt der Charismen zu freuen (Röm 12; 1 Kor 12).
Bei aller noch so guten Ausbildung kommt es vor allem auf die Persönlichkeit der kirchlichen Mitarbeiter und Mitarbeiterinnen an. Wenn sie dazu ermutigt werden und es auch selber gerne tun – ihre jeweils gottgegebene Ausstrahlung pflegen, kultivieren, und christliche Inhalte und Werte glaubwürdig vertreten, dann besteht die Möglichkeit, dass sich andere Menschen für diese Inhalte und Werte interessieren, sie als zumindest diskussionswürdig betrachten oder sich damit identifizieren und sie für sich selbst als gültig übernehmen.
Evangelisch, biblisch ist, die vielfältigen eigenen Charismen und die Gaben anderer als gleichrangig zu achten, sie adäquat einzusetzen und sich entfalten zu lassen. Wer weiß, dass seine Fähigkeiten wirklich vonnöten und gebraucht sind, muss sich weder krampfhaft profilieren noch andere deckeln: „Lass nicht außer Acht die Gabe in dir, die dir gegeben ist durch Weissagung mit Handauflegung der Ältesten" (1 Tim 4,14).

Fähigkeit zur Macht

Niemand in der Kirche redet gern von Macht – aber sie wird ständig ausgeübt. Dadurch, dass Machtfragen oft nicht klar thematisiert werden, man sich nicht zur eigenen Position bekennt, schleichen sich hierarchische Strukturen unangemessen in die Kommunikation ein.
Da ist von „eigenmächtig" die Rede, wenn einer seine Arbeit schnell und kompetent erledigt. Man merkt, ein kirchlicher Po-

tentat ist mal wieder verstimmt ob solcher Kreativität. „Das ist eine Frage der Position" wird Mitarbeitenden entgegengeschleudert, die sich eigenständig um die Lösung einer Aufgabe bemühen.

Macht wird oft auch über das Alter ausgeübt. In jungen Jahren kann und darf man nicht leiten, weil einem die Erfahrung fehlt. Selbst das ist unbiblisch, wie die Prophetenberufungen im AT zeigen. Im Neuen Testament heißt es: „Niemand verachte dich wegen deiner Jugend; du aber sei den Gläubigen ein Vorbild im Wort, im Wandel, in der Liebe, im Glauben, in der Reinheit" (1 Tim 4,12). Von manchen Jungen kann man das durchaus sagen – trotzdem hängen sie zugunsten nicht so begabter Älterer in der Warteschleife fest.

Wirkliche Autorität erweist sich durch Ansehen

Wirkliche Autorität übrigens erweist sich nicht durch Macht, nicht durch bloßes Wissen, sondern durch Ansehen – das Wissen und Macht dann impliziert. Autorität ist also das, was einem aufgrund des gewonnenen Ansehens zugebilligt wird. Ansehen gewinnen wiederum setzt Authentizität, Arbeit und Anteilnahme an anderen voraus – und die Fähigkeit, Zeit zu haben, sie sich zu nehmen.

Sprache

Um verstanden zu werden, braucht es eine Sprache, die den nachdenklich-skeptischen Fragen der Zeit angemessen ist. Es geht nicht an, stets nur zu beschreiben, wie es sein soll – bei den anderen. Kirchliche Sprache muss zeigen, dass Mann und Frau nicht einfach von der Höherwertigkeit der eigenen moralischen Position ausgehen oder sich an der allgemeinen Phrasendrescherei beteiligen („Solidarität"). Neben der Ästhetik des Gesagten oder Geschriebenen spielen Zeitgemäßheit, Realitätsbewusstsein, Klarheit und Aktualität eine wichtige Rolle, sollen die verschiedenen kirchlichen Lebensäußerungen nicht nur vernommen, sondern auch angenommen werden.

Eine solche Sprache verzichtet auf den Gestus der absoluten Besserwisserei, der für jede Form von Kommunikation tödlich

Kommunikative Kompetenz

ist. Sie verliert nichts von unaufgebbaren Inhalten, auf die wir zu achten haben. Im Gegenteil – „wenn ihr nicht mit deutlichen Worten redet, wie kann man wissen, was gemeint ist? Ihr werdet in den Wind reden". Das sagt immerhin der Apostel Paulus (1 Kor 14,9).
Zu kommunikativer Sprache gehört ein stilvoller Umgangston. Verfahren jedoch wird nach der altväterlichen Devise „kein Tadel ist das größte Lob". Es fehlt an Lob und Anerkennung, es braucht eine angemessene Einschätzung von Stärken und Schwächen der Mitarbeitenden. Stattdessen wird häufig die im Wortsinn geradezu phantastische Vorstellung gepflegt, Weisheit und Intelligenz konzentrierten sich (automatisch) an der Spitze einer Organisation.

Es braucht eine angemessene Einschätzung von Stärken und Schwächen der Mitarbeitenden

Kultur- und Gesellschaftsfähigkeit

An der Jahrhundert- und Jahrtausendwende kann Kirche weder zentrale Kulturmacht noch Deutungsmonopol für sich beanspruchen. Sie ist ein Bereich der Kultur neben anderen. Die Distanz zur gegebenen Welt ermöglicht eine konstruktive Mitwirkung an der Gestaltung von Kultur, die das Gegebene transzendiert. Kirche muss in den gesellschaftlichen Einrichtungen und Lebensbereichen der Gegenwart präsent sein und dialogfähige Zeitdeutung betreiben.
Zum christlichen Glauben gehören recht verstanden ein sensibles Wahrnehmungsvermögen, Selbsterkenntnis, Bereitschaft zu persönlicher und gesellschaftlicher Veränderung, Respekt vor und Interesse an den Überzeugungen anderer, Fähigkeit zur Auseinandersetzung, Begleitung und Unterstützung Hilfesuchender. Zum Glauben gehört auch Lebensfreude und Dankbarkeit für die Möglichkeit menschlicher Existenz – für Kreativität, Phantasie und Witz. Die Kirchen müssen sich bemühen um gedankliche und existentielle Weite, wie sie in der Bibel längstens angelegt ist.
Kirche muss beachten, in welcher Weise in Kunst und Kultur nach Mensch und Gott, nach Freude und Leid, nach Leben und

Zum Glauben gehört Lebensfreude und Dankbarkeit für Kreativität, Phantasie und Witz

Sterben gefragt wird. Literatur, Musik, darstellende und bildende Künste sind unverzichtbarer Bestandteil der modernen Kultur und wertvolle Dialogpartner und -partnerinnen für die Kirche. Es geht darum, über die Kirchenmauern hinauszuschauen, sie gelegentlich hinter sich zu lassen und Anteil zu gewinnen am kulturellen Geschehen. Das erhöht die eigene Aussagefähigkeit deutlich. Nach wie vor ist es oft so, dass christliche Inhalte im Kino, im Theater, in der bildenden Kunst und in der Literatur intelligenter und gepflegter transportiert werden als in vielen Kirchen.

Spiritualität

Leitung in der Kirche heißt nicht selten Konzentration auf Finanz-, auf Verfahrens- und Verwaltungsfragen. Mit Liebe zum Detail wird debattiert – so lange, bis die geistlichen Themen nicht mehr oder nur kurz abgehandelt werden können. Das geht, aber es geht nicht. Andachten vorher, mittendrin und nachher sind nicht der Königsweg, mit dem man sich von sonstiger geistlicher Abstinenz exkulpieren könnte.

Man kann sich nicht von geistlicher Abstinenz exkulpieren

Menschen in der Kirche werden samt ihrer Leitungsaufgabe nur verstanden und akzeptiert, wenn sie Spiritualität über die bereits genannten geistlichen Qualifikationen hinaus leben. Darunter ist zu verstehen, Bibel, Glauben und Leben in eins zu bringen: Leben, was man/frau glaubt. Glauben, was man/frau lebt. In Freiheit lesen, glauben und leben. Verantwortung dafür übernehmen und im einfühlsamen und kontroversen Gespräch mit anderen bleiben.

„Hab Acht auf dich selbst und auf die Lehre; beharre in diesen Stücken! Denn wenn du das tust, wirst du dich selbst retten und die, die dich hören", heißt es im Neuen Testament (1 Tim 4,16). Wer leitet, darf sich um keine theologisch-existentielle Aussage herumdrücken. Wer leitet, muss in der Lage sein, die für ihn oder sie elementaren christlichen Werte und zentralen Glaubensthemen persönlich auszulegen, sie allgemein verständlich zu kommunizieren – von der Präexistenz des Logos

über die Sünde wider den Heiligen Geist und den Sühnetod Christi bis hin zur Rechtfertigung.
Balzac sagt in seinem „Gesetzbuch für anständige Menschen": „Es gehört ebenso viel Klugheit wie Feingefühl dazu, einen Menschen zu leiten wie zehn." Ein guter Satz auch für kirchenleitende Organe.

Susanne Breit-Keßler

Reiner Appold

Eine spirituelle Aufgabe

„Ich Chef, du nix" steht in Großbuchstaben auf dem T-Shirt, das ein junger Mann trägt. Unter dem Wort „nix" wölbt sich ein stattlicher Bauch. Na also, denke ich, ein klares Leitbild für Führung und Leitung. Hier sagt der Chef noch, wo es lang geht, und der Untergebene führt aus.

Ob es solche Chefs noch gibt, weiß ich nicht. Vielleicht. Auf keinen Fall aber darf es sie in unserer Kirche geben. Alle Menschen, besonders die, die in der Kirche arbeiten oder mit ihr eng verbunden sind, erwarten, dass hier anders geleitet und geführt wird als „ich Chef, du nix". Sie erwarten, dass in der Kirche Mitarbeitende besser behandelt werden als anderswo, dass die Führenden Persönlichkeiten sind, die mit Macht und Autorität umzugehen wissen und ihre Verantwortung wahrnehmen. Sie erwarten, dass da, wo es in der Kirche um Macht, Autorität und Verantwortung geht, diese auch klar benannt und bewusst gebraucht wird. Alle Erwartungen zeigen: Wie Kirche leitet und führt, hat Vorbildfunktion. Oder eben nicht.

Wie Kirche leitet und führt, hat Vorbildfunktion

Wir sind als Kirche noch weit davon entfernt, beispielgebend für die Gesellschaft zu sein. Führungsverhalten und Führungsstile sind alles andere als geklärt. Im Gegenteil: Zur Zeit wird vor allem die Frage gestellt, wie Führung und Leitung aussehen müssen, die zur evangelischen Kirche und ihrem besonderen Selbstverständnis passen.

Hierarchiefreie Zone oder Hirtenamt?

Natürlich gibt es bereits Leitbilder. Zum Beispiel das Bild einer geschwisterlichen Kirche, in der ein ideales Miteinander herrscht, in der es keine Hierarchien braucht, wo nicht Einzelne andere leiten und führen, sondern sich alle gegenseitig Orientierung geben und auf die Einhaltung von Regeln achten.

Eine spirituelle Aufgabe

Daneben stehen biblische Leitbilder, vor allem das vom Hirten. Es enthält die fürsorgenden Motive des Nährens, Pflegens, Begleitens und Nachgehens. Daneben weist es auch noch eine klare Zuständigkeits- und Verantwortlichkeitshierarchie auf. Der Hirte wahrt die Einheit der Herde, er gibt die Richtung vor. Er ist verantwortlich und muss sich um alles kümmern, notfalls unter Einsatz seines Lebens. Demokratisch ist er nicht.

Als christologisches Bild hat das vom guten Hirten unser Verständnis von Leitung und Führung tief geprägt. Es gehört zu den Leitbildern, die fordern und auch überfordern. Es widerspricht der Vorstellung einer hierarchielosen Kirche. Es ist Projektionsfläche für mancherlei Helfer- und Machtphantasien.[1] Deswegen und trotzdem wird dieses biblische Leitbild in der Diskussion um ein der Kirche angemessenes Verständnis von Leitung sowie bei der Frage nach geeigneten Instrumenten weiterhin eine Rolle spielen (müssen).

Der gute Hirte fordert und überfordert

Entschuldigung, ich leite

Bei der Beschreibung und Weiterentwicklung des kirchlichen Verständnisses von Führung und Leitung ist die Auseinandersetzung mit vorgegebenen Bildern von entscheidender Bedeutung. Das Bild vom Hirten macht klar: Hier ist das zentrale Thema von Führung und Leitung angesprochen – die Frage von Macht, Autorität und Verantwortung. Bei der Beschreibung und der Weiterentwicklung kirchlichen Führungsverständnisses kommen wir um diese Grundfragen nicht herum.

Kirchliches Führungsverhalten wirkt manchmal wie der Versuch, diesen Fragen auszuweichen. Natürlich soll man von Führung und Leitung möglichst wenig merken. Fast scheint es so, als zögen manche daraus den Schluss, Macht oder Entscheidungskompetenz sei unanständig. Wenn wir sie schon haben müssen, dann bitte unauffällig. Entscheidungsträger sollten

---

1 Zum Hirtenmotiv siehe auch Manfred Josuttis, Der Traum des Theologen, Aspekte einer zeitgenössischen Pastoraltheologie 2, München 1988, S. 125 ff.

Reiner Appold

daher möglichst so tun, als hätten sie nichts zu entscheiden. Das kann, nebenbei bemerkt, zu massiven Krisen führen – und zwar in zweierlei Hinsicht.

Unangenehme und wenig glamouröse Entscheidungen in Krisensituationen

Zum einen trumpfen manche, die „versteckt" leiten, bei passender oder unpassender Gelegenheit nur umso heftiger auf und verweisen ihr jeweiliges Gegenüber schnell auf die Plätze: „Ich Chef, du nix." In anderen Fällen wird Führung und Leitung dann versagt, wenn es ans „Eingemachte" geht – wenn unangenehme und wenig glamouröse Entscheidungen in Krisensituationen verlangt werden.

Es gibt was zu lernen

Schamhaftes Verstecken der eigenen Leitungsfunktion ist unehrlich. Im Zweifelsfall führt es zu Fehlentscheidungen, Verleugnung der Verantwortung oder besonders autoritärem Gehabe. Wir können nicht bestreiten, dass es Leitung und Führung gibt – und damit verbunden Verantwortung, Entscheidungskompetenz und auch Macht. Auf jeder Ebene, in jedem Bereich kirchlichen Handelns wird geleitet und geführt. Alle sind damit befasst, die im Raum der Kirche mit Menschen zu tun haben.

Damit ist klar, dass es sich nicht um ein Seitenthema handelt, vom Zaun gebrochen von einigen, die gerade nichts anderes zu tun haben. Die teilweise heftig geführte Diskussion zeigt, dass Führung und Leitung ein zentrales Thema ist und von jeher war. Wie wir führen und leiten, lässt Rückschlüsse zu auf unseren inneren Zustand und prägt das Bild von Kirche in der Gesellschaft. Wir sollten uns also sehr kritisch fragen, was unser Leitungs- und Führungsverhalten authentisch macht, was zu uns passt.

Das heißt nicht, dass wir nicht eine ganze Menge von denen lernen können, die außerhalb der Kirche leiten und führen. Viele warnen allerdings vor der Übernahme von Methoden aus dem Bereich des Managements. Sie seien der Kirche nicht an-

Eine spirituelle Aufgabe

gemessen und zum Teil auch unvereinbar mit kirchlichen Zielen. Die jetzt im Landeskirchenamt durchgeführte Neuausrichtung zeigt jedoch, dass professionelle Beobachter von außen sehr viel schneller als wir selbst Defizite im Bereich Führung und Leitung erkennen und Wege aufzeigen, wie wir uns verbessern können.

Langzeit-Persönlichkeiten

Zu den Fragen, die im Landeskirchenamt unbedingt geklärt werden müssen, gehören die nach dem Führungssystem, also den Führungsprinzipien, dem Führungsverhalten, den Führungsinstrumenten und dem Führungsprozess. Daneben wird auch die Frage eine Rolle spielen, wie im Zuge von Personalentwicklung Personen für Führungsaufgaben qualifiziert werden (können) – oder ob sie eben nicht dafür geeignet sind. Die im Zuge der Neuausrichtung des Landeskirchenamtes erarbeiteten Lösungen könnten dann auf andere Bereiche übertragen werden.

Personen müssen für Führungsaufgaben qualifiziert werden

Eine Nebenbemerkung: Heinrich Herrmanns, Bischof der Landeskirche Schaumburg-Lippe und dienstältester Kirchenleiter innerhalb der VELKD, hat darauf hingewiesen, dass die evangelische Christenheit in Deutschland Gesichter brauche, die man wiedererkenne, mit denen man sich identifizieren und gegebenenfalls auseinander setzen könne. Unter deutschen Bischöfen, so Herrmanns, sollten „Langzeit-Persönlichkeiten" aufgebaut werden, die in der Öffentlichkeit langfristig als Sprecher oder Sprecherinnen der evangelischen Kirche gelten könnten. In diesem Zusammenhang nannte er Bischöfin Margot Käßmann und „einen neugewählten Bischof aus Süddeutschland" als geeignete Führungspersönlichkeiten, die es zu unterstützen gelte, um als evangelische Kirche öffentlich und medial präsenter zu sein. Herrmanns markierte allerdings auch gleich noch ein bedenkenswertes Problem. Der Protestantismus, so

Der Protestantismus hält schwer aus, wenn Einzelne herausragen

Reiner Appold

meinte er, halte es schwer aus, wenn einzelne Persönlichkeiten herausragten.

Schaltstelle Mensch

Den Personen, die führen und leiten, kommt eine besondere Rolle zu. Durch sie werden Instrumentarien mit Leben erfüllt, durch ihr Verhalten wird ein Führungssystem transparent. Als Personen nehmen sie Aufgaben wahr, haben sie Kompetenzen und tragen sie Verantwortung. Personen sind „Schaltstellen" und verdienen als solche besondere Aufmerksamkeit.

Natürlich sind alle Leitenden mindestens einem Gremium verantwortlich, einem Kirchenvorstand, einem Dekanatsausschuss, einem Beirat, einem Vorstand, dem Landeskirchenrat, der Landessynode oder dem Landessynodalausschuss. Niemand wird bestreiten, dass diese Gremien in ihrem jeweiligen Verantwortungsbereich entscheiden und zu Recht die Verantwortung haben.

Kirchliches Leiten spielt sich im Spannungsfeld zwischen Gremienverantwortung und Personenverantwortung ab

Kirchliches Leiten spielt sich im Spannungsfeld zwischen Gremienverantwortung und Personenverantwortung ab. Dennoch gibt es Dinge, die nicht in Gremien getan werden können und sollen. Dazu gehört die Führung der Mitarbeitenden ebenso wie die operative Umsetzung von Beschlüssen. Hier müssen Einzelpersonen Verantwortung übernehmen und tragen.

Eine Person, die im Raum der Kirche ein Leitungsamt innehat, wird also auf jeden Fall Eigenschaften wie Verantwortungsbewusstsein und Gerechtigkeitsgefühl mitbringen, aber auch in der Lage sein müssen, Aufgaben an dafür geeignete Mitarbeitende zu übergeben. Sie muss bereit sein, gelegentlich unpopuläre Entscheidungen mitzutragen und zu vertreten. Sie muss kommunikativ sein, aber auch über die Bereitschaft zum Zuhören und die Fähigkeit des Beobachtens verfügen – etwa wenn es darum geht, Mitarbeitende in ihrer beruflichen und persönlichen Entwicklung zu fördern.

Eine spirituelle Aufgabe

Grundausbildung

Es ist gut, wenn eine Person von sich aus Eigenschaften wie Delegationsfähigkeit, Durchsetzungsvermögen, Empathie, Sinn für Gerechtigkeit, Kommunikationsfähigkeit, Loyalität, Sensibilität und geschärftes Wahrnehmungsvermögen mitbringt. Die meisten Menschen verfügen a priori weder ganz noch teilweise darüber. Aber die Praxis zeigt, dass Personen unbedingt und unverzichtbar umfassende Kenntnisse und Fähigkeiten in Leitung und Führung haben müssen – beides ist keine nachrangige Aufgabe, sondern vielmehr von eminenter Bedeutung für die Zukunftsfähigkeit von Kirche.

Wir arbeiten in vielen Bereichen hochspezialisiert und professionell durch gezielte Aus-, Fort- und Weiterbildung, etwa in der Seelsorge. Solche Kompetenz muss im gleichen Umfang auch für den Bereich der Führung und Leitung erreicht werden. Eine Aus- und Fortbildung sollte hier gezielt system- und personenbezogen Führungsinstrumente und Führungsverhalten vermitteln. Dabei wäre eine „Grundausbildung" für alle wünschenswert, mit der Möglichkeit, sich in diesem Bereich weiter zu qualifizieren. Durch eine solche Qualifikation hätte man die Möglichkeit einer gezielten Personalentwicklung auch für höhere Führungspositionen.

Gewünscht: Grundausbildung in Führung und Leitung

Instrument Wertschätzung

Mit welchen Instrumentarien ist im Bereich von Führung und Leitung zu arbeiten? Hier lässt sich natürlich von anderen lernen und bereits Bewährtes adaptieren. Manches fordern auch die Mitarbeitenden ein, wie mehr Delegation von Verantwortung. Manches ist schon etabliert, wie etwa Dienstbesprechungen. Unsere vielen Sitzungen und Besprechungen brauchen allerdings eine professionelle „Besprechungskultur", angefangen von Ergebnisorientierung über klarere Strukturen bis hin zu Moderationstechniken für die, die sie leiten.
Manches wird durch die Kirchenleitung initiiert, zum Beispiel

Reiner Appold

Ein reflektierter Austausch über gegenseitige Wahrnehmung

jetzt die Mitarbeiterjahresgespräche. Sie sind als Mittel der Personalführung unerlässlich, beispielsweise um zwischen Dienstvorgesetztem und Mitarbeitendem einen reflektierten Austausch über die gegenseitige Wahrnehmung herbeizuführen wie auch dazu, gemeinsam Zielvereinbarungen zu treffen. Ein Dienstvorgesetzter sollte wissen, wie er oder sie Mitarbeitende persönlich und beruflich fördern kann. Selten nur wird er oder sie selbst Coach sein können. Aber Vorgesetzte müssen zumindest in der Lage sein, Mitarbeitenden qualifizierte Rückmeldungen auf ihre Arbeit zu geben, die Wertschätzung vermitteln und motivieren. Er oder sie sollte auch wissen, wo Mitarbeitende – wenn nötig – professionelle Unterstützung, wie etwa Coaching und Supervision erhalten können. Vorgesetzte sollten in der Lage sein, Aufgaben und Verantwortung zu delegieren.

Was wir außerdem brauchen, sind klar formulierte Ziele und daraus abgeleitete Aufgaben. Wir brauchen die nötige Steuerung von Prozessen zur Umsetzung von Beschlüssen. Daneben wäre es sehr wichtig, verbindliche Stellen- und Arbeitsplatzbeschreibungen zu haben. Unerlässlich wäre auch eine dauernde Qualitätskontrolle in fast allen Arbeitsbereichen.

Delegation macht mündig

Die Planungsprozesse der letzten Jahre haben einen Prozess der Dezentralisierung und Delegation von Verantwortung in die Wege geleitet. Bei der ‚Landesstellenplanung Gemeinden und Dekanatsbezirke' wurde die Entscheidung über die Verteilung der Stellen in die mittlere Ebene, in die Leitungsgremien der Dekanatsbezirke delegiert. Das hat den Dekanatsausschüssen neue Aufgaben und größere Verantwortlichkeiten gebracht, ihnen aber gleichzeitig mehr Handlungsspielräume eröffnet. Auf der Ebene der überparochialen Dienste wurden größere Einheiten, bestehend aus mehreren zusammengehörenden Funktionsblöcken gebildet, sogenannte Handlungsfelder.

Eine spirituelle Aufgabe

Auch hier gibt es eine mittlere Ebene, auf der Entscheidungen für das ganze Handlungsfeld getroffen werden. Diese Handlungsfeld-Steuerung ist verantwortlich für die Umsetzung der Ziele, die die kirchenleitenden Organe vorgeben. Sie formuliert gemeinsame Ziele für das Handlungsfeld und steuert deren Umsetzung. Sie hat die Budgetverantwortung.

Als Ertrag beider Planungsprozesse kann man festhalten: Es gibt innerhalb unserer bestehenden Gesetzeslage Möglichkeiten von Delegation und Dezentralisierung. Verantwortung wurde auf verschiedene Ebenen delegiert und verteilt. Es hat sich gezeigt, dass dabei weitgehend an bestehende Strukturen angeknüpft werden konnte.

Von nix kommt nix

Ich sehe in der Dezentralisierung und Delegation von Verantwortung auf andere Ebenen die Bereitschaft, mehr Vertrauen in die Mitarbeitenden zu setzen und ihre Kompetenz wertzuschätzen. Zentralismus bedeutet immer auch ein Stück Misstrauen und damit einhergehend eine Entmündigung selbständig denkender und handelnder Individuen. Eine der großen Errungenschaften der Reformation ist aber gerade das Mündigwerden des Einzelnen vor der Institution. Deswegen sollten möglichst viele Kompetenzen und Verantwortung dorthin verlagert werden, wo die Durchführung von Aufgaben geschieht.

Zentralismus bedeutet immer auch Misstrauen und Entmündigung selbständig denkender und handelnder Individuen

Delegation kann allerdings nur dann befriedigend funktionieren, wenn klar beschrieben wird, was von wem auf welcher Ebene entschieden wird. Es bedeutet, dass es eine Entscheidungs- und Aufgabenhierarchie geben muss. Eine Dezentralisierung im oben beschriebenen Sinn setzt voraus, dass die einzelnen Führungsorgane und -gremien im Rahmen ihrer beschriebenen Aufgaben diskutieren und entscheiden.

Alles, was die Gesamtheit der Kirche betrifft, ist in den kirchenleitenden Organen zu entscheiden. Von dort kommen die strategischen Vorgaben. So ist es in der Verfassung vorgesehen.

Reiner Appold

Die Gemeinden, Dekanatsbezirke und überparochialen Handlungsfelder können wiederum im Rahmen der Gesamtstrategie und Zielvorgaben ihre strategischen Entscheidungen treffen. Vor allem aber haben sie die Umsetzung vor Ort zu leisten und zu steuern.

Solch ein System setzt voraus, dass die Ebenen miteinander kommunizieren, sich austauschen und abstimmen. Zielvorgaben werden erst dann realistisch, wenn sie sich am Möglichen orientieren. Die Umsetzung von Zielen erfordert, dass man die einzelnen Schritte prüft und steuernd begleitet. Die Weltfremdheit mancher Zielentscheidung besteht meist nicht in der ungenauen Kenntnis der Situation „vor Ort", sondern viel mehr in der Annahme, der Prozess der Umsetzung liefe schon von ganz alleine.

Delegation und Dezentralisierung sind Versuche, auf strukturellem Wege Leitung und Führung zu unterstützen. Wenn es gelingt, den begonnenen Prozess weiter fortzuführen, wäre das ein großer Schritt in Richtung einer neuen Leitungskultur in unserer Kirche. Wichtig ist aber, dass klare Vorgaben aus der jeweiligen Entscheidungsebene kommen. Das setzt voraus, dass auch dort geführt und geleitet wird.

Mittendrin ein Heiligtum

Die spirituelle Qualität der Leitungsämter muss ein besonderes Anliegen sein

Auffällig an den genannten Wegen ist, dass sie viele Aussagen zu Führung und Leitung in struktureller, rechtlicher oder führungstechnischer Sicht machen. Bei all dem kommt aber noch zu kurz, was denn kirchliche Leitung vor anderer auszeichnet. Die spirituelle Qualität der Leitungsämter und spirituelle Kompetenz der sie wahrnehmenden Personen müssten uns eigentlich ein besonderes Anliegen sein. Aber sie spielen in der Diskussion eher eine untergeordnete Rolle.

Wirtschaftsunternehmen lernen von Gedanken und Vorstellungen, die eigentlich aus dem kirchlichen Raum stammen, und integrieren sie in ihre Leitbilder. In seinem Buch „Menschen führen – Leben wecken" leitet Anselm Grün aus dem Kapitel über

Eine spirituelle Aufgabe

den Cellerar in der Benediktinerregel Anregungen für Führung und Leitung ab. Er fordert darin für Wirtschaftsunternehmen eine christliche Kultur des Miteinanders. Als Beleg zitiert er den amerikanischen Unternehmensberater Lance Secretan, der anregt, dass Führung „eine Unternehmenskultur schaffen ..." soll, „in der ein Gespür für das Transzendente aufscheint"[2]. Grün verweist darauf, dass es bereits Führungsmodelle für Wirtschaftsunternehmen gibt, die eine spirituelle Unternehmenskultur zum Ziel haben. Der genannte Unternehmensberater schlägt zum Beispiel vor, dass Führung innerhalb des Unternehmens ein „Heiligtum" erschaffen soll, „einen Raum, in dem die Seele beflügelt wird, eine kreative Unternehmenskultur, ein Unternehmen, in dem Spontaneität, Dynamik, Spaß, Humor, Befreiung von Versagensängsten, Anreize, gegenseitiges Wohlwollen und kultivierte Umgangsformen das Klima prägen".

Gespür für das Transzendente

Nicht der Gewinn, so Grün, sondern der Mensch solle an erster Stelle stehen.[3] Er meint, dadurch könne „das Unternehmen eine wirkungsvollere Predigt halten als durch fromme Parolen, die durch die Wirklichkeit des täglichen Miteinanders nicht gedeckt sind"[4].

Kernkompetenz Spiritualität

Natürlich kann man skeptisch sein, ob Unternehmen so eine Vision wirklich umsetzen können und wollen. Interessant ist aber doch zu sehen, wie selbstverständlich hier mit allgemein religiösen oder explizit christlichen Wertvorstellungen operiert wird, um eine neue Unternehmenskultur zu etablieren. Ich frage mich, warum solche Anforderungen von Unternehmensberatern formuliert werden und nicht von der Kirche. Im

---

2   Anselm Grün, Menschen führen – Leben wecken, Münsterschwarzach 1998, S. 131
3   ders., S. 133
4   ders., S. 135

Bereich dieser Werte – der Werte überhaupt – liegt doch unsere Erfahrung und Stärke.

Kirche ist der Ort, an dem es um Transzendenz und um das Heilige geht. Dafür braucht es angemessene, geisterfüllte Formen. Anders als Unternehmen haben wir diese schon immer – den Gottesdienst etwa, das Gebet oder auch die Meditation. Unsere Funktionen sind in sich spirituell ausgerichtet. Eine spirituelle Leitungskultur äußert sich im Gespür für diese Formen, im Ernstnehmen und in der Bereitschaft, sie anzuwenden, mit Leben zu erfüllen und weiterzuentwickeln.

Eine spirituelle Leitungskultur äußert sich auch im wertschätzenden, fördernden und motivierenden Umgang mit Mitarbeitenden. Vor allem aber ist Spiritualität die Bereitschaft zu Selbstwahrnehmung, Selbsterkenntnis und persönlicher Veränderung. Wir könnten zumindest dieses von den Unternehmen und modernen Managementmethoden lernen: unbefangener mit unseren Kernkompetenzen umzugehen. Spiritualität ist unsere Kernkompetenz.

Spiritualität ist unsere Kernkompetenz

In der Zusammenführung aller genannten Aspekte würde zum Tragen kommen, was wir im Blick auf Führung und Leitung brauchen: spirituelle Persönlichkeiten mit kommunikativen Fähigkeiten, die sich als Dienstleistende an Mitarbeitenden und an der Institution verstehen – konstruktive (Selbst-)Kritik eingeschlossen.

Reiner Appold

3 Konkretionen

Einfall und
Energie

Hans Peetz

Evangelisches Leitungsverständnis

Seit vor allem durch das „Evangelische Münchenprogramm" auf massive Führungsdefizite in der evangelischen Kirche hingewiesen wurde, ist der Streit um ein genuin evangelisches Leitungsverständnis neu entbrannt. Den Befürwortern einer klarer, stärker und professioneller ausgeübten Leitung wird eine „Hierarchisierung" und „Ökonomisierung" der Kirche vorgeworfen. Soll heißen: Evangeliumsfremde Prinzipien verdrängten das Priestertum aller Gläubigen. Beobachter von außen kontern: Die evangelische Kirche sei die einzige Institution, in der die antiautoritäre Bewegung der 68er Jahre voll zum Zuge gekommen sei: Jeder macht, was er will. Doch solche allgemeinen Behauptungen führen nicht weiter. Wie kann Leitung in unserer Kirche beschrieben und praktiziert werden?

Auf allen Ebenen unserer Kirche wirken Amt und Gemeinde in der Leitung zusammen. Der Kirchenvorstand ist ein gutes Beispiel, sofern das Zusammenspiel von Ordinierten und Laien gelingt. Die Sitzungen sollen von Vorsitzenden und Vertrauensfrau bzw. -mann gemeinsam vorbereitet werden. Darin zeigt sich die Kooperation in der Leitung. Einsame, abgehobene Entscheidungen entsprechen jedenfalls nicht evangelischem Verständnis.

Die Sitzungen sollen mit einer Andacht beginnen. Darin drückt sich die geistliche Dimension von Leitung aus. Die Besinnung auf Gottes Wort am Anfang steht dafür, dass Leitung an unserem Auftrag ausgerichtet ist. Anders ausgedrückt: Leitung ist Dienstleistung, die dazu hilft, dass eine Institution ihren Auftrag erfüllt. Wer könnte bei der Übernahme dieser in Unternehmen gängigen Definition eine Unterwanderung der Kirche fürchten? Allerdings als Behauptung nützt dieser Anspruch allein nichts, so wie die Andacht am Sitzungsbeginn leicht zur

Leitung ist Dienstleistung, die dazu hilft, dass eine Institution ihren Auftrag erfüllt

Hans Peetz

bloßen geistlichen Verzierung wird. Schon in der Tagesordnung wird es sich zeigen. Wodurch wird sie bestimmt: Haushalt, Personalia, Baufragen bis hin zu den berühmt-berüchtigten Sitzkissen, die als Beispiel für stundenlange Beschäftigung mit Nebensächlichkeiten immer wieder herhalten müssen. Einer Trennung von „Verwaltungskram" und dem „Eigentlichen" soll aber hier nicht das Wort geredet werden. Die Frage, wie wir unserem Auftrag am besten dienen, stellt sich gerade bei Finanz- und Personalentscheidungen. Und doch geben Tagesordnungen Auskunft, wie ein Leitungsgremium seinen Auftrag umsetzt.

Den Kopf frei bekommen

Wir sagen: Leitung wahrnehmen. Die Sprache ist genau, denn Leitung hängt von Wahrnehmung ab. Das griechische Wort „Episkope" heißt „draufschauen, hinschauen, nachschauen". Leitung erfordert Hinschauen: Wie entwickelt sich unsere Arbeit, die innere und äußere Situation? Wie entwickeln sich die Menschen? Führung wird bei einer Wanderung denen zugetraut, die das Ziel kennen und den Weg, die vorausschauen, auch in kniffliger Lage den Überblick behalten, die Situation richtig einschätzen können. Dafür muss der Kopf frei sein von Detailkram. Wenn Gruppen mit bestimmten Fähigkeiten begabte Menschen mit Leitung beauftragen, dann stellen sie sie frei von Alltagsaufgaben.

Wenn diese Freigestellten sich verzetteln im Dickicht des Details, dann kommen sie ihren Aufgaben nicht nach. Leitende müssen den Weg zwischen Scylla und Charybdis suchen: Detailkenntnisse, genaue Informationen sind Grundlage guter Entscheidungen. „Die da oben", die – angeblich – „keine Ahnung haben", sind zumindest ein Vorwand, Entscheidungen nicht zu akzeptieren, manchmal aber wird tatsächlich von falschen Voraussetzungen ausgegangen. Andererseits ist wohl die häufigste Krankheit von Leitungsgremien auf allen Ebenen ihre Detailverliebtheit.

Die häufigste Krankheit von Leitungsgremien auf allen Ebenen ist ihre Detailverliebtheit

Evangelisches Leitungsverständnis

Die Alternative dazu ist „strategische Leitung", oder mit einem weniger militärischen Wort: konzeptionelle Leitung. Eine Konzeption umfasst Ziel und Weg, beides: Festlegung eines konkreten, beschreibbaren und erreichbaren Zieles sowie Benennung des Weges, der dahin führt. Das verbreitete Misstrauen gegen „Konzeptionsdebatten" rührt daher, dass unter diesem Titel oft anstelle klarer Ziele nebulöse Absichtserklärungen diskutiert werden und der Weg, das Instrumentarium, ganz übersehen wird.

Wen wundert es, dass solche Debatten als nutzlos und Zeitverschwendung empfunden werden. Also wendet man sich doch den Entscheidungen zu, durch die man etwas bewegen und ein handfestes Ergebnis sehen kann. Konzeptionelle Leitung muss gelernt und eingeübt werden, vielleicht mit Hilfe von außen.

Konzeptionelle Leitung muss gelernt und eingeübt werden

Delegation von Entscheidungen, das Zauberwort, drückt die Perspektive der Leitenden aus: Sie geben notwendigerweise Entscheidungsbefugnisse ab, und zwar konsequent, also ohne die Möglichkeit, sie jederzeit wieder an sich zu ziehen oder sich einzumischen, weil irgendjemand sich lieber an die Oberen hält als an die Zuständigen.

Aus der Sicht selbstverantwortlich Mitarbeitender ist Delegation das falsche Wort, als wäre ursprünglich alle Verantwortung „oben" und würde gnädiger- oder praktischerweise heruntergelegt. Mitarbeitende in Seelsorge, Verkündigung oder Unterricht brauchen Selbstverantwortung und bringen sie mit. Das ist in allen „qualifizierten Dienstleistungen" so. Da kann kein Chef im Ernstfall Anleitungen geben, wenn z. B. im Seelsorgegespräch Antworten gesucht sind. Sowohl aus theologischen als aus professionellen Gründen verbietet sich eine bevormundende, die jeweilige Verantwortung missachtende Leitung.

Der goldene Mittelweg

Auch hier ist der goldene Mittelweg gesucht: Laisser-faire, das bequeme Gewährenlassen verkennt Bequemlichkeit und Bosheit, die es auch bei kirchlichen Mitarbeitenden gibt und unter-

Hans Peetz

stützt Cliquenbildung, Wildwuchs und Schlendrian. Autoritärer Führungsstil verneint die Kompetenz und Verantwortung der Mitarbeitenden und schafft, wovon er ausgeht: demotivierte, unmündige Mitarbeitende. Grundlage guter Leitung ist die Unterscheidung und Beachtung der jeweiligen Verantwortung. Aussagekräftige Dienstaufträge und Stellenbeschreibungen sind unabdingbare Voraussetzung dafür.

Leitungsstil und Menschenbild hängen unmittelbar zusammen

Leitungsstil und Menschenbild hängen also unmittelbar zusammen. Weder ein grundsätzlich misstrauisches Menschenbild, das sich in Verwaltungen, die häufig mit „Problemfällen" zu tun haben, leicht einschleicht, noch ein euphorisches Menschenbild, das auf Kontrolle gänzlich zu verzichten meint, sind genuin christlich. Freiheit und Begrenzung, Begabung und Verantwortung, Fehlbarkeit und Rechtfertigung sind Grundkomponenten dieses Menschenbildes, die Leitende auf die ihnen Anvertrauten wie auf sich selbst beziehen sollen.

Da der Auftrag der Kirche hauptsächlich durch Menschen erfüllt wird, die haupt-, neben- oder ehrenamtlich an ihm mitarbeiten, ist wesentliche Aufgabe von Leitung, dass Mitarbeitende gewonnen und befähigt, ihren Gaben entsprechend eingesetzt, begleitet und gefördert werden.

Auch dies sollte langfristig vorausschauend geschehen. Denn Stellen werden nicht erst von heute auf morgen frei. Gerade für verantwortliche Positionen müssen Mitarbeitende „aufgebaut" werden. Die kirchliche Arbeit und der Mensch selbst profitieren davon, wenn die richtigen Leute an der richtigen Stelle sitzen.

Anerkennung statt Geschenke

Zur „Mitarbeiterentwicklung" gehört dann die regelmäßige Begleitung. Das Mitarbeiterjahresgespräch ist ein sehr gutes Instrument, die Arbeit in Selbst- und Fremdeinschätzung zu besprechen, Stärken und Schwächen anzusprechen, Ziele für die weitere Entwicklung zu vereinbaren und im nächsten Jahr nachzusehen, was daraus geworden ist. Überhaupt, diese

Evangelisches Leitungsverständnis

„Nachhaltigkeit" und Konsequenz ist ein wesentliches und in der Kirche oft fehlendes Moment von Leitung. Wie viele gute Vorsätze und Beschlüsse sind alsbald wieder vergessen, weil niemand die Erledigung nachprüft.

„Mitarbeiterentwicklung" ist freilich ein missverständliches Wort. Mit der „Entwicklung" steht es wie mit der Motivation. Entwickeln und motivieren kann man sich nur selbst. Fotos kann man entwickeln, einen Menschen nicht. Aber Leitende können sehr viel dazu tun, dass sich Mitarbeitende weiter entwickeln und dass sie ihre Motivation erhalten oder neu entdecken. Leitende können Arbeitsbedingungen schaffen, die selbständiges sinnerfülltes Arbeiten ermöglichen. Sie können durch ihre Rückmeldung Stärken pflegen und zum Ausgleich von Schwächen helfen. Sie können durch Anerkennung den Wert des Geleisteten ausdrücken. Wobei die beste Anerkennung im Interesse für die Person und ihre Arbeit besteht, und nicht in Weihnachtsgeschenken.

„Nachhaltigkeit" und Konsequenz ist ein wesentliches und in der Kirche oft fehlendes Moment von Leitung

Hans Peetz

Hans Löhr

Achtung: Leiten

Wer heute in Deutschland von Führen und Leiten spricht, muss erklären, was er damit meint. Die Begriffe sind durch unsere Geschichte noch lange belastet. Das verhängnisvolle Prinzip „Führer befiehl! Wir folgen" verbietet einen unbefangenen und naiven Umgang mit der Frage, wie Führung und Leitung zumal in der Kirche geschehen sollen. Im Evangelischen Münchenprogramm versuchen wir eine Antwort zu geben, die dem neuesten Erkenntnisstand von Personalführung und dem biblischen Bild vom Menschen entspricht.

Eine Führungskraft zeichnet sich heute dadurch aus, dass sie nicht befiehlt und Gehorsam verlangt

Eine Führungskraft zeichnet sich heute dadurch aus, dass sie gerade nicht befiehlt und Gehorsam verlangt. Sie fällt vielmehr auf dem Hintergrund ihrer Verantwortlichkeiten Entscheidungen, nicht in der Einsamkeit einer abgehobenen, hierarchischen Position, sondern nach eingehender Diskussion mit den Beteiligten. Sie entscheidet nicht nach dem Argument der Macht, sondern nach der Macht der Argumente, aber sie entscheidet. Ihre vornehmste Aufgabe ist es, denen, für die sie da ist, die Möglichkeit zu geben, sich selbst zu führen.

Das setzt voraus, dass sie Mitarbeitende wertschätzt, sie nie nur als Mittel, sondern immer auch als Zweck versteht, ihre Menschenwürde und Individualität achtet, ihnen etwas zutraut, sie fordert und fördert. Führung und Leitung bedeutet nach diesem Verständnis, Mitarbeitende mit Gaben und Fähigkeiten, die einem selbst fehlen, zu fördern und zu unterstützen.

Mann und Frau selber sein

Eine moderne Führungskraft versteht sich nicht mehr als Macher und Kommandeur, sondern als hochqualifizierte Dienstleisterin für die Menschen ihres Verantwortungsbereichs. Der

Achtung: Leiten

Trend geht zunehmend zur dezentralen Selbststeuerung der Mitarbeitenden. Dem entspricht auf ihrer Seite das wachsende Bedürfnis nach mehr Selbständigkeit, Qualifikation, Information und größeren Handlungsspielräumen. Aus dieser Perspektive bekommt auch der Begriff „Mit-Arbeiter"/„Mit-Arbeiterin" eine neue Bedeutung: weg vom Zu-Arbeiter für die Person, die die eigentlich wichtige Arbeit macht, hin zum eigenständigen Partner/zur Partnerin im gleichen Arbeitsfeld, die als Expertin ihres Sachgebiets gesehen wird. Mitarbeitende sind nicht diejenigen, die im Umfeld einer Führungskraft mitarbeiten, sondern die, mit denen sie kooperiert, also zusammenarbeitet.

In einer amerikanischen Firma hat man inzwischen einen neuen Begriff eingeführt. Man spricht bei einer Führungskraft nicht mehr vom leader, sondern vom facilitator, von der Person, die die Bedingungen der Möglichkeit zur Selbstverantwortung bei den Mitarbeitenden schafft.

Nicht mehr leader, sondern facilitator

Dementsprechend hat die antiquierte Vorstellung, dass Führungskräfte für die Mitarbeitenden Vorbilder sein müssten, ausgedient. Jede und jeder soll sie oder er selbst sein, mit den spezifischen Begabungen, Fähigkeiten und Kenntnissen und gerade darin den anderen ein Beispiel. Ein solches Mitarbeiterverständnis, wie es sich in den letzten Jahren in großen Unternehmen weltweit zu entwickeln beginnt, hält nun auch in der Kirche Einzug. Es korrespondiert mit dem evangelischen Bild vom Menschen als einem einzigartigen und freien Geschöpf Gottes mit eigener, unverfügbarer Würde. Auf der Basis dieser Erkenntnis sind in der Geschäftsstelle des Evangelischen Münchenprogramms in Zusammenarbeit mit dem Evangelischen Bildungswerk München Verfahren, Methoden und Trainingsprogramme entwickelt worden, die im Bereich der Mitarbeiterförderung für Sekretärinnen und Ehrenamtliche Anwendung finden.

Beispiel Fußwaschung

Entscheidend ist die Wertschätzung, die den Mitarbeitenden

Hans Löhr

durch die Tatsache zuteil wird, dass Gespräche mit ihnen überhaupt stattfinden, dass sich Hauptamtliche beziehungsweise die Führungskräfte für den Menschen und seine Arbeit interessieren und sich dafür ausreichend Zeit nehmen. Bei den Hauptamtlichen wächst das Verständnis, dass Führungskultur gelernt werden muss. Dazu gehören Kenntnisse und Fähigkeiten im Umgang mit Lob und Kritik, in der Leistungsbeurteilung, für Einstellungsgespräche, für das arbeitsrechtlich korrekte Formulieren von Zeugnissen und die Bereitschaft, sich als Führungskraft Rückmeldung (feedback) auf die eigene Arbeit und das eigene Verhalten geben zu lassen. Dort, wo solche Gespräche erstmals stattfinden, sind die Reaktionen der Beteiligten erfreulich positiv, da beide Seiten davon einen Gewinn haben.

Das autoritäre Gottesbild mit autoritären Führungsanalogien in der Kirche hat ausgedient

Nicht zuletzt muss die Frage nach Führen und Leiten in der Kirche auch theologisch bedacht werden. Das autoritäre Gottesbild mit autoritären Führungsanalogien in der Kirche hat ausgedient. Für diejenigen, die Führungs- und Leitungsverantwortung haben, kann die Geschichte von der Fußwaschung Jesu leitendes Paradigma sein: „Ein Beispiel habe ich euch gegeben, damit ihr tut wie ich euch getan habe" (Joh 13,15).

Hans Löhr

Dr. Joachim Gneist

Die psychologische Sicht

Ein aus Kindheitstagen vertrauter Gesangbuchvers beginnt mit folgenden Zeilen:

„Führe mich, o Herr, und leite
meinen Gang nach deinem Wort!
Sei und bleibe du auch heute
mein Beschützer und mein Hort!"

Diese Sätze enthalten in ihrer Schlichtheit tiefe Aspekte psychodynamischer, interaktioneller und überpersönlicher Aussagen.

Psychodynamische Grundannahmen

Zum Führen gehören andere, die sich führen lassen. Das erfährt man und das erlernt sich in folgender Übung: Eine Gruppe teilt sich in Paaren auf. Von den beiden führt abwechselnd die eine Person die andere. Rollenwechsel gehört zum Programm. Das Führenlassen besteht in diesem Fall im Folgen der Hand des anderen mit dem eigenen Gesicht im konstanten Abstand einer Kopfbreite, ohne Berührung, aber wie durch ein unsichtbares Band verbunden. Führende können es dabei den Geführten leicht und schwer machen, zu folgen. Sie können Überraschungen einbauen oder langweilig vorgehen. Dies alles wirkt sich auf die Energie und die Beziehung der beiden aus, die sich vielleicht vorher gar nicht gekannt haben.

Schon bei einer so kleinen Übung können unvermutet Widerstände auftreten sowohl gegen das Führen als auch gegen das sich Führenlassen. Ängste können spürbar werden, etwas falsch zu machen, fantasiearm zu sein, zu überfordern, irgendwie zu versagen. Die Übung kann auch Spaß machen, Begegnung herstellen, kränken oder sogar demütigen. Raum zum

Dr. Joachim Gneist

Feedback ist wünschenswert, manchmal sogar erforderlich. Was wird dabei sichtbar?

Nähe und Distanz

Nähe-Distanz-Gestaltung ist für das Führen und sich Führenlassen wichtig

In uns stecken von Kind auf Wünsche zu herrschen und zu dienen, die andere Person zum Objekt zu machen oder mit ihr zu verschmelzen. Die Nähe-Distanz-Gestaltung ist für das Führen und sich Führenlassen sehr wichtig. Dazu kommt die in früher Kindheit erlernte Fähigkeit, Nähe und Distanz einzuschätzen und ihre Wirkung in der jeweiligen Situation zu nutzen. Ein gesunder Führungsstil fußt auf psychischer Ganzheit der führenden Persönlichkeit und der geführten. Ein behinderter bedarf einer anderen Führung als ein durchschnittlich entwickelter Mensch. Aber beide brauchen Respekt.

Sogenannte Machtmenschen haben oftmals Angst vor Nähe und üben deshalb ihre Herrschaft aus der Distanz oder über Dritte aus, lassen Sensibilität für Grenzverletzungen und Übergriffe vermissen oder übergehen das sogar bewusst. Wir sagen, sie überrollen. Umgekehrt liegen Hemmfaktoren, Führungsqualitäten zu entwickeln und angemessen auszuüben, oftmals in der Erfahrung, dass Anleitung und Erziehung mit Unterdrückungsmaßnahmen einhergingen oder auch geprägt waren von dem Gefühl, im Stich gelassen zu werden und die Orientierung zu verlieren.

Interaktion

Führungsqualität von Menschen zeigt sich in erster Linie in ihrer Fähigkeit, sich mit den zu führenden, anzuleitenden Gruppen und Personen verbunden zu fühlen. Für eine Führungspersönlichkeit gilt es, Wahrnehmung dafür zu entwickeln, dass Einzelne oder das Team nicht nur durch Aufgaben, Abhängigkeiten und Delegationen, sondern auch durch Werte wie Vertrauen, Dankbarkeit, Hoffnung und Freude verbunden sein können, aber auch durch Unwerte wie Neid, Eifersucht, Ausgrenzung oder Abhängigmachen.

Die psychologische Sicht

Es geht also darum, die qualitativ positiven Werte zu respektieren und zu fördern und die negativen zu thematisieren und abzubauen. Dafür gibt es kein festes Schema. Gemeinsam erarbeitete Normen und sinnerfüllende Rituale erleichtern aber nicht nur den Umgang miteinander, sondern erhöhen auch Achtsamkeit und Respekt voreinander. Beim Führen tut es daher Not, sich immer wieder Klarheit über die persönliche Eigenart, subjektive Sichtweise und die Fähigkeiten zur Zusammenarbeit und gesunden Konkurrenz im gleichen Netzwerk zu verschaffen und gegebenenfalls darüber auch gemeinsam nachzudenken (vgl. Tabelle unten).

Nützliche Fragen sind: „Wie ergeht es mir in alltäglichen Situationen und wie handle und was bewirke ich in außergewöhnlichen, schwierigen Situationen? Wo ist meine Grenze, hinter der ich in autoritäre Verhaltensmuster oder Hilflosigkeit verfalle?"

Kontrolle ist schlecht, Dienstleistung besser

Beim Führen wird heute zwischen Sachkompetenz und sozialer Kompetenz unterschieden. Letztere resultiert vor allem aus der emotionalen Intelligenz als Qualifikation für Führungsaufgaben. Damit ist gemeint:
- über Durchblick und Geduld verfügen
- sich in komplexe Problemstellungen hineindenken können
- Mut und Fantasie haben
- mit offenen, unvorhersehbaren Situationen umgehen können (improvisieren)
- neue, ungewöhnliche Wege entdecken und begleiten
- immer beweglich und flexibel sein.

Sachkompetenz und soziale Kompetenz

Spätestens hier wird klar, dass Führungsqualitäten gemeint sind, von denen Mitarbeitende profitieren, statt darunter zu leiden. Auch das Unternehmen Kirche hat in seinen Führungsgremien bis hin zu den Ehrenamtlichen erkannt, und es wäre schön, wenn das auch zunehmend auf allen Ebenen gelebt wird, nämlich dass Führung immer mehr zu einem Dienst am

Dr. Joachim Gneist

Menschen wird – um das unschöne Wort Dienstleistung zu vermeiden –, und immer weniger zur Ausübung von Kontrolle verkommt. Denn wer kontrolliert die Kontrolleure? Wer supervidiert die Supervisoren?

Überpersönliche Werte und Sinnfragen

Führen ist eine Kunst, nicht nur eine Technik. Kunst aber hat mit Ästhetik zu tun

Führen ist eine Kunst, nicht nur eine Technik. Kunst aber hat mit Ästhetik zu tun, und Ästhetik ist etwas Heilendes. So gesehen besteht die Aufgabe der Leitung unter anderem darin, darauf zu achten, dass aus dem Team ein Ensemble wird. Dass in diesem Ensemble die einzelnen „Darsteller" selbständige „Autoren" werden, die handlungsmächtig und mitverantwortlich wirken können und dürfen. Dies erscheint nur möglich, wenn Kontrolle minimalisiert und Vertrauen maximiert wird. In einem Rahmen, wo sich – wie in der Kirche – Menschen um gemeinsame Sinnsetzung und immer neue Sinnfindung mühen, ist der Hinweis, sich gegenseitig offen zu halten für geheimnisvolle Erfahrungen, für persönlichen Respekt und Kritikbereitschaft, Teil des Gesamtkonzepts, im Glauben verbunden zu sein bzw. sich darin zu üben.

Werte transzendieren den Einzelnen und auch die jeweilige Situation. Beim Führen und sich Führenlassen geht es auch um den Austausch von Werten. Das heißt: Treffen hier Wissende aufeinander, die sich letztlich von einem unbeirrbaren Standpunkt her bekämpfen müssen, oder begegnen sich tolerante, neugierige, auch in ihrem Denken und Glauben flexible Menschen? Auf allen Seiten und Ebenen des Mitgestaltens können neue Werte Raum bekommen. Jemand macht z. B. enttäuschende Erfahrungen beim Versuch, unter allen Umständen ehrlich und loyal zu sein, wird verletzt und überfordert sich dadurch. Hier kann durch Betonung eines neuen Werts, etwa Selbstachtung und Selbstschutz, Erleichterung oder Entschärfung eintreten.

Die psychologische Sicht

Lebensgeister wecken

Welche Führungsmodelle sind in der jeweiligen Einrichtung wirksam, fehlen oder haben sich bewährt? In welcher Beziehung stehen Führungsstile zum Lebensalter, zum Geschlecht und zur jeweiligen Aufgabe? Ein älterer Mensch muss sich bei der Führung von gewollter Jugendlichkeit trennen, hat hier eventuell etwas abzutrauern, kann aber über Mitarbeitende und Projekte jung sein im Sinne von Innovationen, kann Energie und Kreativität einbringen und dabei durchaus unkonventionell und offen für Fremdes und Neues bleiben.

Jemand bleibt seinen Führungsaufgaben gewachsen oder wächst hinein, wenn er statt unkritisch übernommener Identität mit nie in Frage gestellter Werthierarchie sich in kritischer Reflektion und emotionaler Verbindung mit anderen eine individuelle Identität erarbeitet. Dies erscheint mir auch als bester Schutz vor Chaos, Verwirrung, Unverbindlichkeit, Mann-Frau-Vorurteilen und Führungsverweigerung. Schon in einer Familie kann das Fehlen klarer Grenzen und Auseinandersetzungen ablehnende Haltungen provozieren. Dies gilt auch im Großen und im Sinnganzen: Man kann nur geistlich führen, wenn man von Gottes Geist geführt wird und dazu einen spirituellen Zugang sucht und immer wieder neu erfährt. Dann wird auch Führen und sich Führenlassen zum Geschenk füreinander.

Man kann nur geistlich führen, wenn man von Gottes Geist geführt wird

Leiten, führen heute und morgen schließt Aussprache über Sorgen und Probleme ein. Fachliche Anleitung weckt Lebensgeister und macht die Selbstkritik und eigene Fortbildung von Haupt-, Neben- und Ehrenamtlichen transparent.

Effizient plant und handelt, wer sich geleitet und beschützt weiß. Leiten verleitet zum bloßen Machen. In der Tiefe und auf Dauer ist es aber nur fruchtbar, wenn es als spirituelles Geschenk den Führenden und Geführten bewusst wird.

Dr. Joachim Gneist

Lebendige Beispiele

Beispiel 1

Ein 37-jähriger, verheirateter Pfarrer hat zwei kleine Kinder, die vor allem von der Ehefrau erzogen werden. Sie hat ihr Studium abgebrochen. Der Mann hatte sehr unter der autoritären Erziehung seines Vaters und Großvaters mütterlicherseits gelitten, war also von beiden familiären Wurzeln her zum unterworfenen Subjekt herangereift.
Sein Überlebensheil sucht er in unbegrenzter Leistungsbereitschaft und investiert seine hohe Intelligenz in Fortbildungen, ohne sich jedoch um Karriere zu mühen. Schuldgefühle, seine Familie zu vernachlässigen, kann er lange Zeit durch die Erfüllung eines unangreifbaren Pflichtgefühls sowie durch äußerst rücksichtsvolles und zuvorkommendes Verhalten beschwichtigen.
Als er in eine leitende übergemeindliche Aufgabe berufen wird, stellt sich bald heraus, dass es ihm an gesundem Biss und ausreichender Selbstbehauptung mangelt. Von seinem Fleiß und der Sache her qualifiziert, droht er jetzt an seiner Aggressionsgehemmtheit und Konfliktscheu zu scheitern.
Als er psychosomatische Symptome bekommt, begibt er sich zwei Jahre in eine familiendynamisch orientierte Psychotherapie. Es gelingt ihm, sich immer besser zu verstehen, in seinem Gewordensein anzunehmen, von krankmachenden Leistungszwängen loszusagen und seine antiautoritäre Verweigerungshaltung aufzugeben. So verliert er nicht nur seine psychosomatischen Beschwerden.
Er kann die neue Stelle halten und sich selbst entscheidungsfreudig und lebensbejahend entwickeln. Voraussetzung war, dass er die Ideologie, krankes Opfer von Verhältnissen früher und jetzt zu sein, vollkommen aufgab.

Beispiel 2

Eine 45-jährige Sozialpädagogin in kirchlichen Diensten hat mehrere schwere Schicksalsschläge erlitten. Mit 30 hat sie ein erstes Kind verloren, war Jahre später aus einer Stelle gemobbt worden, weil sie angeblich nicht gläubig und fromm genug gewesen war. Schließlich hatte sie sich von ihrem Ehemann, einem Alkoholiker, getrennt und war mit der gemeinsamen halbwüchsigen Tochter, dem zweiten Kind, in eine andere Stadt übersiedelt.
Sie hatte damit die Konsequenzen aus jahrelangen, immer wieder gescheiterten Bemühungen, ihm zu helfen, gezogen. Zu dieser Einsicht

Die psychologische Sicht

hatte ihr eine Süchtigen-Angehörigen-Gruppe verholfen, wo sie ihre Co-Abhängigkeit erkannt hatte. Unter Schmerzen beendete sie die ungewollte Unterstützung seiner Sucht. Von nun an ging es bergauf. Nach kurzer erfolgreicher Einarbeitungszeit in einer Beratungsstelle wurde sie als Leiterin zunächst kommissarisch, dann dauerhaft beschäftigt, weil sie sich als beliebte, auseinandersetzungsfähige und einfühlsame Führungspersönlichkeit bei über zehn Mitarbeitenden entfaltete. Sie hatte Vertrauen zu sich selbst wiedergewonnen, konnte dies auf natürliche Weise angstfrei ausstrahlen und dadurch persönliche Sicherheit und Gottvertrauen bei anderen und zwischen anderen wecken.

Beispiel 3

Ein handwerklich/hauswirtschaftlich berufstätiges Ehepaar, Anfang fünfzig, hatte jahrzehntelang kirchlich entfremdet gelebt, war aber schließlich durch Besuch von Yoga-, Meditations- und Tanzkursen auf einen spirituellen Weg gekommen, der ihr Leben nach dem Auszug der eigenen erwachsenen Kinder allmählich mit einem ungeahnt tiefen Sinn erfüllte.

Allerdings fühlten sich die beiden lange heimatlos und wollten sich auf dem neuen Weg keiner guruartigen Führung unterstellen. Da fanden sie spontan begeisterte Aufnahme für ihre Gedanken und Übungsangebote in einer ökumenischen Bildungsstätte. Entscheidend wirkte sich der gegenseitige Respekt zwischen Vertretern des kirchlichen Trägers und dem gar nicht missionarisch auftretenden Ehepaar aus.

Nach behutsamen, konkreten Anfängen wuchs bei der Zusammenarbeit fruchtbare Wertschätzung und Wertschöpfung. Konservative und innovative Elemente flossen zusammen. Die authentische Arbeit erweckte so starke Nachfrage, dass sie nach wenigen Jahren fast zuschussfrei lief und man dem Ehepaar die Leitung der Einrichtung antrug, in die sie mit ihrer gediegenen Berufserfahrung und glaubwürdigen Ausstrahlung für die letzten zehn Jahre ihres Berufslebens scheinbar wie von selbst hineinwuchsen.

Dr. Joachim Gneist

An ihren Statements sollt ihr sie erkennen!

Diktatoren:	*Vorgesetzte:*	*Teamleader:*
(fies, faszinierend)	(verlässlich, kaum beweglich)	(achtsam, beziehungsgerecht)
„Was machen Sie eigentlich!?"	„Bringen Sie mir Ihre Lösungsvorschläge."	„Zeigen Sie mir Ihre Ergebnisse."
„Machen Sie es so wie ich."	„Bereiten Sie das vor, ich werde es prüfen."	„Machen Sie es auf Ihre Weise."
„Schneller! Schneller!"	„Ich werde Sie beobachten."	„Ich bin hier, wenn Sie mich brauchen."
„Ihre Meinung interessiert mich nicht."	„Ich bestimme."	„Das liegt in Ihrer Verantwortung."
„Ihr Kopf wird abgebaut."	„Ich brauche Sie nicht mehr."	„Sehen wir, wo Sie Ihre bisherige Erfahrung in Zukunft einbringen."
„Sie werden nicht für das Denken, sondern für die Arbeit bezahlt."	„Ich denke so darüber."	„Denken wir darüber nach."
„Ich traue Ihnen nicht."	„Ich traue Ihnen nicht recht."	„Sie haben mein Vertrauen."

Dr. Joachim Gneist

Susanne Breit-Keßler

Herr, schütze mich vor meinen Freunden

„Der eine oder andere aus unserem Kreis scheint wie gedopt in den Startlöchern zu sitzen, um die Strichliste des Fehlverhaltens der neuen Spitze buchhalterisch genau aufzulisten und dann mit Freude unters Volk zu bringen. Dabei gäbe es genügend wichtige Arbeit zu erledigen ..." Der Verfasser dieser Sätze fährt damit fort, die anstehenden Aufgaben zu beschreiben: Finanzprobleme lösen, die Integration von Zuwanderern bewältigen und den religionspolitischen Richtungsstreit angehen, der so sicher kommen wird, wie das Amen – in der Synagoge.
Der eben zitierte Artikel stammt aus einer der Ausgaben der „Allgemeinen Jüdischen Wochenzeitung", die sich mit Wahlen zum Präsidium des Zentralrats der Juden in Deutschland befasste. Lange vor den Wahlen kursierten allerlei Mutmaßungen – geschürt durch „vorschnelle Meldungen aus den eigenen Kreisen". Übergangene Kandidaten für die Posten im Präsidium zeigten sich zudem öffentlich verschnupft, so die Wochenzeitung, oder kritisierten lauthals die Amtsführung des vorherigen Amtsinhabers.
Ironisch wird nachgefragt, ob nicht denkbar sei, dass bei den Wahlen zum neuen mehrköpfigen Präsidium Vertrauen, Kompetenz und Qualifikation „eine Rolle gespielt haben könnten". Der Artikel endet mit dem bekannten Stoßseufzer: „Herr, schütze mich vor meinen Freunden. Mit meinen Feinden werde ich schon selber fertig." Protestanten scheinen mit ihren jüdischen Brüdern und Schwestern noch mehr gemeinsam zu haben, als bisher auf den Tisch kam. Die Probleme mit Führen und Leiten jedenfalls gehören offensichtlich auch dazu.
Bibel und gesunder Menschenverstand – was häufig in eins gesetzt werden kann – zeigen, dass es eine Handvoll Fähigkeiten und Haltungen braucht, um Führungsverantwortung vernünf-

Bibel und gesunder Menschenverstand

Eine gepflegte Spiritualität

tig wahrnehmen zu können: Selbsterkenntnis und Dialogbereitschaft; Respekt vor den Gaben anderer; Fähigkeit zur Macht und ihrer Delegation; verständliche Sprache und angemessener Umgangston; die Fähigkeit, als eigenständige Persönlichkeit am Leben in Gesellschaft und Kultur teilnehmen zu können und – last not least – eine gepflegte Spiritualität.

Man kann „nicht nicht kommunizieren", sagt Paul Watzlawik bekanntermaßen. Man kann genauso wenig „nicht nicht leiten": Auch das, was ein Mensch in seiner Führungsposition – gleich auf welcher Ebene – unterlässt, ist Ausdruck seines oder ihres Verständnisses von Leitung. „Wir sind nicht nur verantwortlich für das, was wir tun, sondern auch für das, was wir nicht tun" (Molière).

Susanne Breit-Keßler

4 Personalentwicklung

Gestalt gewinnen lassen

Franz Peschke

Führungspositionen

Pfarrer und Pfarrerinnen sollen auf allen Ebenen Hirten und Prediger sein, Sorge tragen für die Predigt des Evangeliums und die evangeliumsgemäße Verwaltung der Sakramente (CA 7). Das Hirtenbild ist nicht erst durch die Beziehung auf Christus im NT als Leitbild für pastoralen Dienst führend geworden. Es ist immer schon auch als Bild für Leitung im AT auf die Könige Israels bezogen worden.
Eine von Gottes Hirtesein hergeleitete Autorität haben diese Könige. In der Apostelgeschichte delegiert Paulus solche apostolische Hirtenfunktion auf die mittlere Ebene in Milet, Kleinasien. Durch die Ich-bin-Worte im Johannesevangelium ist der Aspekt des Hirteseins als Dienst für Menschen verstärkt worden, wie auch im Dienst-Wort Jesu im Markusevangelium (Mk 10,45 par.).
Weil dieses Leitbild vom Hirtendienst grundlegende Funktion hat, hat es auch immer wieder zu Reflexionen hinsichtlich von Führungspositionen auf der mittleren Ebene angeregt.
1983 hat die Allgemeine Dekanekonferenz sich mit dem Thema „Dienstaufsicht" befasst. Hugo Maser, damals Personalreferent im Ruhestand, steuerte ein Referat unter dem Thema „Geistliche Leitung und Dienstaufsicht in der Kirche" bei und führte darin Folgendes aus:
„Persönliche Begleitung und sachliche Förderung aller hauptamtlichen, nebenamtlichen und ehrenamtlichen Mitarbeiter ist ... unverzichtbar. Die vielfältigen Erfahrungen moderner Personalführung sind dabei so zu bedenken wie die Besonderheiten kirchlichen Dienstes. Das Neue Testament umschreibt die spezifische Art kirchlicher Leitungsaufgaben mit den Worten Paraklese und Episkope: Paraklese betont den Zuspruch und die Mahnung, während Episkope vor allem an das Amt der Lei-

Paraklese betont den Zuspruch und die Mahnung

Franz Peschke

tung und der Aufsicht erinnert" (Apg 20,14 ff.; Pastoralbriefe, 1 Petr 5,1 ff. u.a.m.).

Episkope erinnert an Leitung und Aufsicht

In einer biblischen Besinnung arbeitete Landesbischof Hanselmann damals ebenfalls die beiden Begriffe Episkope und Paraklese heraus. In seiner Exegese spielt eine besondere Rolle die Wortbedeutung „sich um jemand kümmern": „Man könnte sagen: Seid nicht nur Prediger über Themen wie Brüderlichkeit, Annehmen des Andern, Versöhnung, Vergebung, Wahrhaftigkeit ..., sondern Menschen, die solches selbst auch tun" (Jak 1,22). Die sich kümmernde Episkope gründet sich auf das Bewusstsein der Verantwortung für andere. Hanselmann kommt hinsichtlich der Episkope zu dem Schluss: „Die Episkope ist gemeinsam Aufgabe aller, die an der Kirchenleitung auf den verschiedenen Ebenen beteiligt sind." In diesem Sinn sagt Luther in der Vorrede zum „Unterricht der Visitatoren": „Denn eigentlich heißt ein Bischof ein Aufseher und Visitator und ein Erzbischof, der über dieselbigen Aufseher und Visitatores ist, darum dass ein jeglicher Pfarrherr seine Pfarrkinder besuchen, warten und aufsehen soll, wie man da lebt und lehrt."

Ein theologischer Grund

Auch sonst redet Luther oft von den Ortspfarrern und Predigern als episcopi. Zu erwähnen ist die mehrfach gebrauchte Wendung „episcopi seu pastores" in CA 28. Hanselmann führt die Aufgabe des Landesbischofs nach Art. 60 und 63 Kirchenverfassung an: „Der Landesbischof führt das Gespräch mit den Gemeinden und mahnt sie brüderlich; er fördert die Gemeinschaft und Zusammenarbeit unter den Gemeinden, Werken und Diensten ..." In diesen Kontext stellt Hanselmann die Episkope: besuchen, sich um den anderen kümmern, jemanden aussuchen, heimsuchen und Aufsicht ausüben. Paraklese ist ein Wort, dessen Bedeutungsgehalt von bitten über ermahnen und gut zureden zum Ermutigen, Trösten führt. Die Grundbedeutung „an die Seite rufen" kann deutlich machen, dass die Aktivität von ganz verschiedenen Personen ausgehen kann. Bei den Synoptikern wenden sich hilfesuchende Menschen bittend an Jesus, während in apostolischer Zeit das ermahnende Zureden und der ermahnende Zuspruch mehr die Sache der Apostel ist. Zugrunde liegt dasselbe Wort. Es führt bis zu der Bedeutung trösten, unter der das Verb am meisten Geltung erlangt hat. Hanselmann zitiert Heinrich Schlier: „Als eine besondere Form der Verkündigung, als jenes andringende, beschwörende Ermahnen, das der Bekümmernis um den Ermahnten entspringt, ihn fast mehr bittet als fordert, richtet sie sich, nicht Stimme des anfahrenden und beschämenden Gesetzes, sondern Träger eines verborgenen Trostes an die Brüder, die Glieder der Familie Gottes auf dem Grunde gegenseitiger Liebe sind." 5

Nicht Stimme des anfahrenden und beschämenden Gesetzes, sondern Träger eines verborgenen Trostes

Diese Ausführungen von Maser und Hanselmann sind eine Entfaltung des Leitbildes vom Hirten – bezogen auf alle pastoralen Dienste, aber doch ganz besonders bezogen auf die mittlere Ebene. Das pastorale Anliegen wird aufgefasst als eine Form der Verkündigung und wird zum Prinzip der Leitung im Blick auf Mitarbeitende gemacht. Darin ist ein wesentlicher theologischer Grund für das gelegt, was wir heute unter Personalentwicklung verstehen.

Einen Schwerpunkt setzen: Personalentwicklung

1985 gebrauchte man unspezifisch den Begriff Personalführung für alle Aspekte eines Personalmanagements in der Kirche. Heute ist Personalführung der Umgang mit den Mitarbeiterinnen und Mitarbeitern eines einzelnen Betriebes. Personaleinsatzplanung hat die Stellenpläne im Blick. Davon ist Personalentwicklung als Förderung von Mitarbeiterinnen und Mitarbeitern zu unterscheiden.

Für die Religionspädagoginnen und Religionspädagogen wurde folgende Definition gefunden: „Personalentwicklung um-

---

5 Vom Wesen der apostolischen Ermahnung, in: „Die Zeit der Kirche", Freiburg 1956, S. 7

Franz Peschke

fasst alle Maßnahmen zur Auswahl, zur Ausbildung, zum Einsatz und zur Entwicklung, Förderung und Beurteilung der Mitarbeiterinnen/Mitarbeiter, die im Hinblick auf den augenblicklichen Zustand und die zukünftige Entwicklung der Kirche (des speziellen kirchlichen Handlungsfeldes) eine besondere Bedeutung haben. Personalentwicklung ist also die Synthese zwischen dem Bedarf an qualifizierten Mitarbeiter/Innen für die unterschiedlichsten Aufgaben einerseits und dem persönlichen Entwicklungsstreben der Mitarbeiter/Innen andererseits."

Ähnlich in der Diakonie: „Personalentwicklung umfasst alle Strategien und Methoden zum Besten der Einrichtung, die den Mitarbeiter fördern, seine Kompetenz einzubringen, die Mitarbeiter haben oder brauchen."

Lern- und Leistungspotential der Mitarbeiterinnen und Mitarbeiter erhalten

Die „Kommunale Gemeinschaftsstelle für Verwaltungsvereinfachung" des Deutschen Städtetages in Köln (KGSt), die eine große Zahl von Kommunen in Deutschland und Österreich berät, nennt Personalentwicklung einen unverzichtbaren Bestandteil zukünftiger Personalarbeit, die dazu beiträgt, das Lern- und Leistungspotential der Mitarbeiterinnen und Mitarbeiter zu erhalten und diese auf Anforderungen von morgen vorzubereiten.

Die KGSt definiert Personalentwicklung als „systematisch gestaltete Prozesse, die es ermöglichen, das Leistungs- und Lernpotential von Mitarbeiterinnen und Mitarbeitern zu erkennen, zu erhalten und in Abstimmung mit dem Verwaltungsbedarf verwendungs- und entwicklungsbezogen zu fördern". Personalentwicklung zielt danach ab, die Interessen der Verwaltung mit den Interessen der Mitarbeiterinnen und Mitarbeiter soweit wie möglich in Übereinstimmung zu bringen, das heißt zu einem Konsens über gemeinsam akzeptierte Ziele und daraus abgeleitete konkrete Maßnahmen.

So können die Mitarbeiterinnen und Mitarbeiter ein Interesse daran haben, ihre Leistungsfähigkeit in ihrem eigenen Arbeitsbereich zu erhalten und zu verbessern oder ihr vorhandenes

Führungspositionen

Wissen und die vorhandenen Fähigkeiten zu erhalten und zu verbessern. Sie können daran interessiert sein, unterschiedliche und vielfältige Tätigkeiten auszuüben, ihre individuellen Entwicklungs- und Karrierechancen zu verbessern, ihre Motivation und Arbeitszufriedenheit zu erhalten, ihr berufliches Selbstverständnis in diesem Prozess neu zu definieren und bei auftretenden Konflikten gezielte Unterstützung zu bekommen. Auf der anderen Seite stehen die Interessen der Organisation, die Motivation und Arbeitszufriedenheit der Mitarbeiterinnen und Mitarbeiter zu erhalten und zu fördern oder z. B. auch bei auftretenden Konflikten Hilfe anzubieten. In einer „lernenden Verwaltung" ergänzen sich die Interessen. Leistungsfähigkeit der Verwaltung und Leistungsbereitschaft der Mitarbeiterinnen und Mitarbeiter werden gefördert, wenn Zielkonflikte erkannt und aufeinander abgestimmt werden. Die „Kommunale Gemeinschaftsstelle" ermutigt dazu, angesichts der gegenwärtigen und zukünftigen Anforderungen nicht nach dem Rasenmäherprinzip zu sparen, sondern im Bereich der Personalentwicklung die Mitarbeiterinnen und Mitarbeiter zu qualifizieren. Die Freie und Hansestadt Hamburg resümiert: „Personalentwicklung wird nachweislich konsequent als unmittelbare Führungsaufgabe betrachtet."

Nicht nach dem Rasenmäherprinzip sparen, sondern Mitarbeiterinnen und Mitarbeiter qualifizieren

Blockaden erkennen

Wandel lässt sich nicht erzwingen. Er beginnt oft mit der Wahrnehmung der Situation. Professionell ist es, wenn Führungspersonen dabei sich selbst und ihre eigenen Blockierungen im Blick auf neue Erfahrungen wahrnehmen. Solch eine Blockierung kann der Stolz sein auf Erfahrungen. Ich erlebe an mir oft, dass ich zurückgreife auf meine Erfahrungen. Dies ist mein gutes Recht; schließlich bin ich 36 Jahre im kirchlichen Dienst tätig. Doch wenn ich genauer hinschaue, ist die Situation, in der ich vor 36 Jahren in der Gemeindepraxis angetreten bin, von der von heute völlig verschieden. Aus der Wahrnehmung sol-

cher Verschiedenheit könnten die alten Erfahrungen nützlich werden, weil sie mir nämlich den Prozess bewusst machen, den ich durchlaufen habe und mich neugierig machen auf Prozesse, die heute ablaufen. Dazu kommt: „Was gestern noch selbstverständlich war, muss – wenn es auch für morgen Geltung haben soll – grundsätzlich neu begründet werden."[6]
Erfahrungsreichtum kann zu Bequemlichkeit, Rechthaberei und Stolz auf bisherige Leistungen verführen. Dies sind sachfremde und emotionale Faktoren. Sie blockieren neue Erkenntnisse oder verhindern, dass sie in radikaler Konsequenz umgesetzt werden. „Die Rückwärtsgewandtheit wird gerne schöngeredet, indem man auf den angeblich unschätzbaren Wert langjähriger Erfahrungen aufmerksam macht." In dem zitierten Werk von Doppler-Lauterberg „Change-Management" heißt es: „Erfahrungen machen nicht nur klug, sondern genauso oft dumm. Sie können nämlich den Blick verstellen für neue Erkenntnisse. ... Eine ganze Menge alter Erfahrungen sind heute null und nichts mehr wert, weil sie unter Rahmenbedingungen gemacht wurden, die sich inzwischen radikal verändert, gelegentlich sogar ins Gegenteil verkehrt haben." Fazit: „Alte Erfahrungen sind nur in Verbindung mit konsequenter Aufgeschlossenheit für Neues wertvoll."[7]

Ordnungsdenken, Anpassung und Anstand

„Die meisten Bürokraten litten schon als Kinder unter der schier unendlichen Weite ihres Laufstalls" (Arnulf Herrmann). Man spricht oft abschätzig von Beamtenmentalität. Das Klischee vom ‚Beamtentyp' mag entstanden sein, weil Regelungen im öffentlichen Dienst einen besonders hohen Stellenwert haben. Was ursprünglich in sinnvoller Absicht entwickelt wurde, um herrschaftlicher Willkür vorzubeugen und allen Beteiligten Sicherheit und Gerechtigkeit zu gewährleisten, wird in Zei-

---

6   Doppler/Lauterberg, Change-Management, S. 112
7   Doppler/Lauterberg, Change-Management, S. 112

Führungspositionen

ten, wo es keine dauerhaften stabilen Zustände mehr gibt, weil das gesamte Umfeld sich nach kaum durchschaubaren Mustern dynamisch entwickelt, zu einem großen Hemmschuh.
„Fahre nicht aus der Haut, wenn du kein Rückgrat hast" (Stanislaw Jerzy Lec). Ein Teil der Motivation, sich um eine Führungsposition zu bewerben, ist auch der Versuch weiterzukommen. Völlig legitim. Wer von uns kennt nicht das gute Gefühl, in der Rückschau sagen zu können: Ich habe einmal unten angefangen. Die Älteren wissen, dass Anstand und Anpassung – und damit fast immer auch ein Stück Opportunismus – in der Vergangenheit als Tugenden hoch bewertet worden sind. Das Hochdienen hat seinen Preis. Mir ist immer wieder im Laufe meiner verschiedenen Rollen und Ämter gesagt worden: „Ich bin gespannt, wie lange du noch der bleibst, der du bist." Damit wird unterstellt – vielleicht sogar mit Recht, dass sich nach einer genügenden Anzahl von Jahren der Rücken mehr oder weniger gekrümmt zeigt. Ein gekrümmter Rücken aber behindert den freien Blick.[8]

Fahre nicht aus der Haut, wenn du kein Rückgrat hast

In der Wirtschaft gilt heute eher: „Unternehmerische Frechheit, Zivilcourage, unkonventionelles Denken und Verhalten, mutige Konfrontation, Bereitschaft zum persönlichen Risiko. Doch an Gesetzen der Natur kommt man nicht vorbei: Man kann wilde Enten zähmen, nicht aber zahme Enten wild machen."[9]

Man kann wilde Enten zähmen, nicht aber zahme Enten wild machen

Personal- und Mitarbeiterentwicklung bedeutet Veränderung. Wir können etwas verändern, wenn wir uns selbst verändern und wir können uns verändern, wenn wir uns mit unseren Blockaden beschäftigen. Aber dies nicht allein, es müssen auch neue Qualifikationen und Haltungen gelernt werden. Die vielleicht wichtigste Veränderung ist ein Wandel im Rollenverständnis: Vom Würdenträger zum Spielertrainer. Dieser Wandel beginnt in der Selbstwahrnehmung der Führungsperson.

---

8   Doppler/Lauterberg, Change-Management, S. 114
9   Doppler/Lauterberg, Change-Management, S. 114

Franz Peschke

„Entweder er stellt sich selbst der Änderung – oder sie findet nicht statt." Neben dieser Grundveränderung sind auch Qualifikationen zu beachten.

Qualifikationen entwickeln – Instrumente nutzen

Künftig entscheidend: Strategische Kompetenz, soziale Kompetenz, Persönlichkeitsformat

Früher genügte: Guter Fachmann, sauberes Abwickeln administrativer Vorgänge, Amtsautorität. Künftig entscheidend: Strategische Kompetenz, soziale Kompetenz, Persönlichkeitsformat.

Was in der Wirtschaft neu ist, ist im kirchlichen Bereich bereits Standard, nämlich die soziale Kompetenz. In der Bewertung der Qualität eines Mitarbeiters kommt ihr eine ebenso große Bedeutung zu wie der theologischen Kompetenz in der Auslegung der Heiligen Schrift. Dies hat einen tiefen, theologischen Grund: Das Evangelium kann nur durch Menschen vermittelt werden, die sprechen und sich verhalten, so dass Worte und Verhalten gemeinsam wahrgenommen werden. Das wirkt sich auf das Führungsverhalten aus:

Der Unternehmer Peter F. Drucker hat gesagt: Führungskräfte „müssen lernen mit Situationen zurechtzukommen, in denen sie nichts befehlen können, in denen sie selbst weder kontrolliert werden noch Kontrolle ausüben können". Das ist die elementare Veränderung. Wo es ehedem um eine Kombination von Rang und Macht ging, wird es in Zukunft Verhältnisse wechselseitiger Übereinkunft und Verantwortung geben.

Auch in der bisherigen und von der Kirchenverfassung getragenen Struktur der mittleren Ebene ist die Mitarbeiterentwicklung angelegt. Die vielen Gelegenheiten, bei denen etwa der Dekan, die Dekanin ihre Aufsicht ausüben, Menschen bei der Arbeit beobachten, Gemeinden in ihrem Leben wahrnehmen und begleiten, kirchliches Leben aus der Sicht kirchenleitender Übersicht beschreiben, ist bei Mitarbeiterentwicklung mit gemeint. Die Visitationsberichte, die ich in meinem ersten Jahr gelesen habe, befassen sich ausgiebig mit den Schlüsselpersonen, das heißt, vor allem mit den Pfarrerinnen und Pfarrern.

Führungspositionen

Sie würdigen ihre Arbeit und Bedeutung für das Kirchenwesen vor Ort. Visitationsergebnisse könnten sich sehr gut als Grundlage eines Personal- und Entwicklungsgesprächs eignen.
Ein weiteres Beispiel ist die Pfarrkonferenz, ein Ort der zentralen Informationsvermittlung, des Austauschs und immer auch des Ansatzes zur Fortbildung und des intensiven Gesprächs. Das Gespräch im Pfarrkapitel kann Aspekte von Konkurrenz und Rivalität oder von Auseinandersetzung mit der Leitung enthalten. Es wird immer auch den Aspekt von persönlicher Förderung, Begleitung, Entlastung enthalten.

Der Spezialfall: Das Mitarbeitergespräch

Wir führen öfter Einstellungsgespräche oder auch Vorstellungsgespräche, Gespräche zum Abschluss der Probezeit, wenn es schwierig wird, Abmahnungsgespräche oder sogar Trennungsgespräche. Sie haben alle ihre eigenen Ziele, ihre eigene Struktur und ihren Inhalt.
Bisher ist die für uns gewohnte Form eines Gesprächs, bei dem ein Dekan, eine Dekanin mit Senior und mit dem betreffenden Pfarrer oder Pfarrerin alle Aspekte des Dienstes, der theologischen Existenz und der persönlichen Verhältnisse durchgehen, das Beurteilungsgespräch. Es hat jedoch nicht die Personalentwicklung zum Ziel, sondern gehört zur Dienstaufsicht. Die dazu gehörenden Richtlinien sind in der Rechtssammlung nach den Vorschriften zur Amtsübergabe und vor dem Vorbereitungsdienstgesetz eingeordnet.
In dem bayerischen Artikel 62 a zu § 62 Pfarrergesetz, der Dienstaufsicht über die Pfarrerinnen und Pfarrer, findet auch die dienstliche Beurteilung ihren Platz. Das Pfarrergesetz nennt als Sinn und Zweck der Dienstaufsicht „sie bei der Erfüllung der ihnen obliegenden Aufgaben zu beraten, sie anzuleiten, sie zu ermahnen und notfalls zu rügen". Wenn man auch nicht ausschließen kann, dass ein Beurteilungsgespräch dazu dienen mag, dass der Mitarbeiter sich als Person und in seinem beruflichen Feld entwickelt, sich neue Ziele setzt und zu neuen

Beraten, anleiten, ermahnen und notfalls rügen

Franz Peschke

Aufgaben aufbrechen mag, ist davon doch das Mitarbeitergespräch strikt zu unterscheiden.

Ziele, Inhalt und Methoden des Mitarbeitergesprächs, die der Entwicklung dienen sollen, müssen deutlich differenziert werden. Ein solches Gespräch muss nicht jeweils „den gesamten Dienst des Pfarrers" (so die Richtlinien über die dienstlichen Beurteilungen der Pfarrer) im Auge haben. Es dient der Entwicklung mehr, wenn in häufigen Abständen in einem Gespräch ein Bereich der Arbeit des Pfarrers, der Pfarrerin vor dem Hintergrund des gesamten Dienstes besonders beachtet und reflektiert wird. Gerade die Beschränkung, die das Mitarbeitergespräch bietet, nützt allen:

Alle können profitieren

Pfarrerinnen und Pfarrer erfahren häufiger als bisher nicht nur kritische Bewertung ihrer Arbeit, sondern Würdigung ihrer Konzepte.

Sie können in ihrer beruflichen Entwicklung und bei ihrer Zukunftsplanung unterstützt werden durch Fortbildungsberatung, Mentoren oder Begleitung.

Sie erfahren regelmäßige Standortbestimmung ihrer eigenen Professionalität.

Sie werden ermutigt zu nachhaltigen Veränderungen und Entwicklungen der eigenen Situation und Person.

Auch die Inhaber von Führungspositionen auf der mittleren Ebene profitieren:

Sie können agieren, anstatt immer nur in Krisen zu reagieren.

Sie können nah und doch professionell Mitarbeitende begleiten und Begleitung gestalten.

Sie können Entlastung finden durch deutlichere Strukturierung und Zielorientierung in der Zusammenarbeit.

Sie können Entlastung finden durch regelmäßige und nach einiger Zeit eingeübte Verfahren.

Sie können Entlastung finden durch Rollenklarheit.

Letzten Endes haben auch Gemeinden davon einen Nutzen:
Durch ortnahe und regelmäßige Unterstützung in ihrer Arbeit, durch Vernetzung im Nahbereich („Zwei Gemeinden weiter

Führungspositionen

gibt es einen schönen Kindergottesdienst. Der Dekan vermittelt zwischen den Teams einen Kontakt").
Sie können mit einem Pfarrer zusammen Ziele aufstellen, die realistisch sind, ohne sich zu überfordern.
Sie erleben, dass die Aufmerksamkeit, die der Pfarrer, die Pfarrerin in ihrer Arbeit erleben, auch von ihnen weitergegeben werden.

Probleme der herkömmlichen Praxis

Das Mitarbeitergespräch ist kein vom Himmel gefallener Meteor. Die Überlegungen dazu resultieren aus einer Kritik an der herrschenden Praxis der dienstlichen Beurteilung der Pfarrerinnen und Pfarrer. Alle Vorschläge für die Gestaltung eines jährlichen Mitarbeitergesprächs müssen auch von daher gesehen werden. Eine Teilnehmergruppe im Rahmen der Fortbildung „training on the job" von Dekanen, Senioren und Dekansanwärterinnen und -anwärtern hat negative Rückmeldungen an die gegenwärtige Praxis der Beurteilung gegeben:
Beurteilung sei ein ungeeigneter Begriff, wenn es darum geht, das Ganze des Dienstes des Pfarrers in den Blick zu nehmen und ihn zu fördern. Die Beurteilung selbst sei zu hierarchieorientiert. Sie fände zu selten statt und müsste dann zu viel Material bearbeiten. Beurteilungsgespräche fänden häufig mit überlasteten Vorgesetzten statt, vor allem dann, wenn aufgeschobene Beurteilungen zusätzlich geleistet werden müssen. Die Praxis würde außerdem nur einseitig unter dem Aspekt von „Bewertung" wahrgenommen. Trotzdem bliebe es dann oft nur bei einer Beschreibung dessen, was die Visitatoren gesehen haben, anstatt dass ein Profil des Betreffenden herausgearbeitet werde. Besonders unbefriedigend wird das Ergebnis empfunden. Die Note, die schließlich vom Landeskirchenamt mitgeteilt wird, stünde in keinem Verhältnis zur Selbsteinschätzung des Betreffenden und auch oft nicht zur Beschreibung im ausgefüllten Bogen.
Der Bogen sodann, eine veraltete Form, eine selektive Auswahl

Kein Verhältnis zur Selbsteinschätzung

aus Handlungsfeldern, sei ganz besonders schwierig bei Pfarrerinnen und Pfarrern in überparochialen Diensten. Es sei problematisch, dass der Bogen in seiner Form Bestandteil der Beurteilungsrichtlinien ist. Schwer wiege, dass Beurteilungen in aller Regel folgenlos sind. Der Brief des Landeskirchenrats, der die Note mitteilt, gäbe keine Rückmeldung auf die angesprochenen Schwerpunkte und Profile des Betreffenden. Da die Beurteilung nach dem 55. Lebensjahr entfällt, entfalle somit auch die Pflicht zum zugewandten Gespräch, gerade mit den älteren Kollegen. Ist das Mitarbeitergespräch in der bisherigen beurteilenden Form also nur etwas für Jüngere? – so wird gefragt.
Von daher versteht man auch die Zielvorstellungen, die an eine neue Praxis herangetragen werden:
- gleiches Recht für Leistung des zu Beurteilenden und Wahrnehmung seiner, ihrer Person;
- das Wohl des Menschen und die Motivation für die Arbeit;
- Entsprechung von Forderung an die Person und Förderung der Person;
- Balance zwischen Leistungsbewertung und Rückmeldung an die Person;
- Balance und Offenheit und Vertrauen;
- Balance von Kritik und Anerkennung;
- Balance von Selbsteinschätzung und Fremdeinschätzung;
Fazit: eine ausgeglichene Darstellung von Begabungen und Schwächen, Defiziten und Kompetenzen (Profil).

Eine ausgeglichene Darstellung von Begabungen und Schwächen, Defiziten und Kompetenzen

Das jährliche Mitarbeitergespräch

Die Gemeindeakademie Rummelsberg, die sich intensiv mit der Personalentwicklung praktisch und konzeptionell befasst, benennt folgende Ziele:
- Interesse und Rückmeldung zur Arbeit und Arbeitssituation, fachliche Reflexion,
- Pflege der Beziehung zwischen Vorgesetzten und Mitarbeitenden,
- Frühwarnsystem für Konflikte und Krisen,

Führungspositionen

- Erschließung von unterstützenden Maßnahmen,
- Vereinbarung von konkreten Veränderungszielen.

Auch im Evangelischen Münchenprogramm, dessen wichtiges Element die Personalentwicklung und die Entwicklung von Mitarbeitergesprächen ist, können diese Ziele gefunden werden. Übereinstimmung besteht darüber, dass als Gesprächsziel in jedem Fall die Formulierung von Entwicklungsschritten im nächsten Jahr vereinbart werden. Jedes Mitarbeitergespräch im folgenden Jahr beginnt mit der Rückschau auf die Maßnahmen. Schon hier wird deutlich, dass nicht das einmalige Gespräch, sondern eine Kette von Gesprächen, in denen Entwicklungsschritte sichtbar werden, der Entwicklung des Einzelnen dienen. Dazu ist nötig, dass dieses Gespräch auswählt, dass es Selbsteinschätzung enthält und dass es unter allen Umständen vertraulich bleibt.

Ziel muss sein und den Beteiligten bewusst bleiben, dass Abwege in andere Gespräche kenntlich gemacht und dann vermieden werden. Ein Übergang ins Seelsorgegespräch zum Beispiel muss bewusst gemacht, das Seelsorgerliche auf einen anderen Anlass vertagt werden. Nur so kann das Mitarbeitergespräch aus dem Druck herauskommen, dass alles besprochen werden muss. Ziel muss auch sein, dass für alle in einem Betrieb Arbeitenden solche Gespräche stattfinden. Das heißt: Dekan spricht mit Pfarrer, Regionalbischof spricht mit Dekan, Bischof spricht mit Regionalbischof. Der Bischof holt sich sein Gespräch mit einem Partner seiner Wahl.

Abwege kenntlich machen und vermeiden

Übereinstimmend wird uns aus großen Unternehmen berichtet, dass das Mitarbeitergespräch für alle nur dann zum Normalfall wird, wenn es auch von allen geübt wird.

Struktur und Inhalte des Mitarbeitergesprächs

Das Gespräch braucht eine klare Struktur. Es sollte die Zeit von 90 Minuten nicht überschreiten. Tut es das, muss man sich fragen, ob zu viel Material ins Auge gefasst wurde oder ob auf der Beziehungsebene eine Störung zu bearbeiten ist. Im Mitarbei-

Franz Peschke

tergespräch kann diese Störung benannt und auf einen anderen Zeitpunkt verlegt werden. Das Gespräch soll einer festen Struktur folgen. Es hat
- einen Einstieg, der den Kontakt herstellt;
- es betrachtet ein exemplarisches Arbeitsfeld;
- es blickt auf die Dimension der Kommunikation und Zusammenarbeit im Arbeitsfeld und auch mit dem Vorgesetzten;
- es führt zu einem Kontrakt über Entwicklungsschritte im nächsten Jahr
- und findet einen Abschluss durch ein kurzes feedback zum Verlauf des Gesprächs.

Besondere Sorgfalt soll der betreffende Pfarrer/die betreffende Pfarrerin auf die Auswahl des Inhalts für dieses Gespräch verwenden. Ich stelle mir vor, dass jeweils ein Handlungsfeld in den Blick gerückt wird. Der Vorgesetzte oder vorgesehene Gesprächspartner sollte Gelegenheit haben, dieses Handlungsfeld zu visitieren: einen Gottesdienst, eine Religionsunterrichtsstunde, eine Kirchenvorstandssitzung oder eine Mitarbeiterbesprechung. Je nach Hospitation und Auswahl wird der Inhalt des Mitarbeitergesprächs bestimmt. Die einzelnen Aspekte können sein
- die Lage im Arbeitsfeld, Chancen, Probleme und Herausforderungen,
- Ziele und Konzepte,
- praktische Vollzüge, Projekte, Resonanz und Rückmeldungen, persönliche Auswertung und mögliche Perspektiven.

Das Ziel ist Wahrnehmung der Arbeit

Es geht nicht darum, den Inhalt an sich zu diskutieren, z. B. im Bereich Gottesdienst. Das Ziel ist ja Wahrnehmung der Arbeit und Ansatzpunkte finden für Entwicklung. Das „Ganze des Dienstes" bleibt im Hintergrund. Es muss ertragen werden, dass in diesem Gespräch nur ein Handlungsfeld thematisiert wird. Nächstes Jahr kommt ein anderes dran. So werden im Laufe mehrerer Jahre alle Arbeitsgebiete durchlaufen. Zum Inhalt des Gesprächs gehört auch ein Blick auf die Arbeitsbeziehung zwischen Vorgesetztem und betroffener Pfarrerin und

Führungspositionen

Pfarrer. Der Vorgesetzte hat ein Recht darauf, auf seine Leitungstätigkeit und seine Wahrnehmung des Mitarbeitenden eine Rückmeldung zu bekommen, so wie ja auch Pfarrerinnen und Pfarrer durch ihren Vorgesetzten Rückmeldung bekommen.

Alle haben ein Recht auf Rückmeldung

Unverzichtbar ist schließlich die Festlegung von Maßnahmen, die der Entwicklung des Mitarbeiters dienen.
- Welche Fortbildung nehme ich mir vor?
- Was will ich in meinem Arbeitsablauf verändern?
- Wie können wir die angesprochenen Mängel in der Arbeitsbeziehung abstellen?
- Welche Kompetenz will ich zusätzlich erwerben?

Diese Entscheidungen werden am Schluss festgehalten.

Ergänzende Maßnahmen

Möglicherweise wird das erste Mitarbeitergespräch für beide Partner sehr ungewohnt sein. Manche Pfarrerinnen und Pfarrer haben unangenehme Erinnerungen, z. B. an die Besprechung ihres Dienstzeugnisses mit dem Predigerseminar, an eine Zwischenauswertung oder an die letzte Beurteilung. Es ist für den Anfang, vor dem wir alle stehen, wichtig, über diese Erfahrungen zu sprechen und sich gegenseitig der Bereitschaft zu versichern, an dem Ziel festzuhalten: Alles, was der Entwicklung des Mitarbeiters dient, wird hereingenommen und alles, was ihr nicht dient, ausgeschaltet. So könnte die erste Phase des Gesprächs auch einen Teil haben, in dem gegenseitige Befürchtungen und vorhandene latente Störungen angesprochen werden.

Es ist dabei nicht verkehrt, sich Hilfe zu holen. Diese findet sich im Umfeld der Gemeindeakademie und bei den Gemeindeberatern. Sie findet sich im Umfeld von Supervision und im Umfeld von Aus- und Fortbildung überhaupt. Vielleicht sollte auch das erste Gespräch zwischen solchen Personen geführt werden, die einige Erfahrung in Reflexion der Arbeit mit einem Begleiter haben, man nenne ihn Coach oder Supervisor, oder

Es ist dabei nicht verkehrt, sich Hilfe zu holen

Franz Peschke

mit solchen Kolleginnen und Kollegen, die gewohnt sind, kollegiale Beratung durchzuführen.
Es ist ungewohnt, sich mit seiner Arbeit so klar wie möglich vorzustellen und über eigene Kompetenzen zu sprechen.

Beurteilen und qualifizieren?

Es wurde der Vorschlag gemacht, neben dem alljährlichen Mitarbeitergespräch ein so genanntes Standortgespräch durchzuführen, das im Gegensatz zum Mitarbeitergespräch das Ziel hat, ein Profil des Mitarbeiters zu erarbeiten, ihn mit anderen zu vergleichen, vielleicht sogar formalisierte Beurteilungsstufen zu benennen und dieses Profil an die Personalabteilung weiterzugeben. Auch in Unternehmungen und Kommunen, die das Mitarbeitergespräch eingeführt haben, bleibt die Beurteilung weiter bestehen. Es wird aber nötig sein, Anlass, Ziel, Periodik und Struktur dieses Gesprächs genauer zu untersuchen und einen geeigneten Vorschlag zu machen, der zu dem übrigen Konzept der Mitarbeiterentwicklung passt.

Gespräche genau differenzieren

Ich möchte, dass die Beurteilungsrichtlinien verändert werden können. Dazu ist freilich auch eine Änderung des § 62 a nötig – eines bayerischen Artikels im Pfarrergesetz –, der die Beurteilung regelt. Eine Veränderung wird sein, dass ein solches Standort- oder Profilierungsgespräch auch von Seiten des zu Beurteilenden gewünscht werden kann, z. B. bei der Übernahme einer neuen Tätigkeit, bei Stellenwechsel oder vielleicht auch im Krisenfall, wenn sich jemand falsch bewertet fühlt. Letzten Endes kann ein solches Beurteilungsgespräch der Mitarbeiterentwicklung dienen, auch wenn es primär einem institutionellen Interesse dient.

Entlastung

Wer sich dem Thema Mitarbeiterentwicklung nähert, muss automatisch sich von anderen Aufgaben entlasten lassen oder selber sich entlasten. Das Wort selbst beinhaltet schon die Möglichkeit darüber nachzudenken, auf wie viele Schultern

Führungspositionen

die Aufgabe der Mitarbeitergespräche verteilt werden können. Da es sich um Entwicklungsgespräche handelt, die nicht zwingend der Rolle des Vorgesetzten zur Beurteilung bedürfen, können sie ohne weiteres auch vom Senior und vom stellvertretenden Dekan selbst geführt werden. Zu klären wäre anschließend, wie der Vorgesetzte in seiner Funktion dann zu seiner Rückmeldung kommt. Alle drei Personengruppen müssen dafür zeitlich entlastet werden. Die Überlegungen, welche Entlastungen im Bereich von Religionsunterricht hier möglich sind, sind im Gang. Überparochiale Aufgaben erfordern auch Entlastung im parochialen Bereich.

Vielleicht hilft uns heute erneut weiter eine Liste von Entlastungen, die Hugo Maser im Jahr 1985 aufgestellt hat:
Prüfung über den Vorsitz und Mitgliedschaft in verschiedenen Vereinen, Gremien und Ausschüssen, Verwaltungsaufgaben, Sprengeleinteilung, Konfirmandenunterricht und Religionsunterricht, Predigttausch, Schulbeauftragte, Repräsentationsaufgaben, Visitation (Kassenwesen), Urlaub, freier Tag, Fortbildung. Wir sollten diese Liste nicht leichtfertig beiseite legen. Es stecken Ressourcen an Entlastung drin, an denen wir weiterarbeiten müssen.

Ressourcen an Entlastung

Bildung

Ich zitiere aus einem Papier der Hansestadt Hamburg: „Personalentwicklung ist immer – auch wenn es beispielsweise um die Einführung von handlungsleitenden Verfahren geht (hierzu zählen z. B. Auswahlverfahren, Führungsleitlinien, Leitlinien zur Einführung neuer oder mit neuen Aufgaben betrauter Mitarbeiterinnen und Mitarbeiter) – mit einem Prozess des Lernens verbunden. Dieser Lernprozess betrifft einzelne Beschäftigte, Gruppen von Beschäftigten und auch ganze Organisationseinheiten. Lernen ist auch ein äußerst komplexer Vorgang, der in der Regel nicht in eindeutige kausale Beziehungen (wenn-dann-Beziehungen) zerlegt werden kann. Sowohl der eigentliche Lernvorgang und noch in stärkerem Maße der

Franz Peschke

Lerntransfer (die Umsetzung des Gelernten in tägliche Handlungen) hängt von einer Reihe nicht abgrenzbarer und vorhersehbarer Einflussfaktoren ab. Auch die zeitliche Dimension spielt eine nicht unerhebliche Rolle. Maßnahmen der Personalentwicklung können deshalb in einem ersten Schritt zunächst als erfolgreich bewertet werden, wenn der Lernerfolg festzustellen und der Lerntransfer sichergestellt ist."[10]

Manchem mag es ungewohnt scheinen, dass er noch Fortbildung braucht

Manchem mag es ungewohnt scheinen, dass er für das, was er tut, worin er eine reiche Erfahrung besitzt und womit er täglich ohnehin umgeht, noch Fortbildung braucht. Vielleicht müssen auch unsere Vorstellungen von Fortbildung korrigiert werden. Es geht um Entwicklung, Professionalisierung, Verbesserung und mit gutem Beispiel vorangehen in einem Prozess lebenslangen Lernens. Das Ziel ist, dass alle etwas davon haben, wenn Vorgesetzte sich weiterentwickeln.

Ausblick

Sollte der Gedanke der Mitarbeiterentwicklung ein zunehmendes Echo finden, müssen wir uns alle miteinander überlegen, welche flankierenden Maßnahmen weiter nötig sind. Es müssen unterstützende Maßnahmen auf Seiten der Fort- und Weiterbildungseinrichtungen bereitgestellt sein. Ich weiß von der Gemeindeakademie, vom Bayerischen Mütterdienst Fachbereich Erwachsenenbildung, vom Pastoralkolleg, vom Studienseminar der Vereinigten Kirche in Pullach, dass sehr viel Bereitschaft und guter Wille und Kompetenz vorhanden ist, wenn wir denn nur sagen, was wir wollen. Die genannten Institutionen sind bereit, sich auf den Bedarf einzustellen.

Die Mitarbeiterentwicklung ist nicht mehr, aber auch nicht weniger als ein Baustein in einem größeren Konzept von Kirchenentwicklung überhaupt. Neben der missionarischen Dimension, neben der Gemeindeaufbaudimension, kommt dem Be-

---

10 Freie und Hansestadt Hamburg: Den Erfolg von Personalentwicklung messen und bewerten, Verwaltung und Management 1996, S. 93–97

Führungspositionen

reich der Mitarbeiterentwicklung größte Bedeutung zu, wenn wir unter den gegenwärtigen Bedingungen Kirchenmitglieder halten und gewinnen möchten. Darauf haben früher schon bekannte Gemeindeaufbaukonzepte hingewiesen (Schwarz/ Schwarz „Missionarischer Gemeindeaufbau"). Selbst das beste Konzept gerät aber bald in Vergessenheit, wenn es nicht viele Menschen findet, die es für ihre Person und in ihrem Umfeld umzusetzen bereit sind, weil sie irgend einmal erkannt haben, dass alle gewinnen können. Die Mehrarbeit am Anfang zahlt sich wieder aus durch eine größere Zufriedenheit und Bereitschaft, sich einzubringen und einzusetzen, sobald jeder und jede Einzelne gemerkt hat, dass die Arbeit gewürdigt wird und dass sie Sinn macht.

Die Freie und Hansestadt Hamburg, die 1992 mit dem Aufbau einer systematischen Personalentwicklung begonnen hat, resümiert so:

„Der Aufbau einer systematischen Personalentwicklung stellt an diejenigen, die in diesem Feld professionell arbeiten, hohe Ansprüche. Personalentwicklung verlangt im alltäglichen Handeln eine mühsame und immer wieder neuansetzende Überzeugungsarbeit auf der obersten Leitungsebene, auf der Ebene der Führungskräfte, auf der Ebene der Mitarbeiterinnen und Mitarbeiter, auf der Ebene der Interessenvertretungen, der Beschäftigten und nicht zuletzt auch im politischen Raum. Dennoch: Die Arbeit in diesem Feld des Personalmanagements lohnt sich." Ich hoffe, dass wir in unserer Landeskirche zu einem ähnlichen Resümee finden werden.

Franz Peschke

Selbst das beste Konzept gerät in Vergessenheit, wenn es nicht viele Menschen findet, die es für ihre Person und in ihrem Umfeld umzusetzen bereit sind

Sigrid Schneider-Grube

Frauenförderung

Die haupt- und ehrenamtlichen Mitarbeitenden sind das wichtigste Kapital im Unternehmen Kirche. Diese hohe Wertigkeit hat bisher noch zu wenig Niederschlag im Bereich des Personalmanagements und der Personalentwicklung gefunden. Mitarbeitende, so hat die McKinsey-Studie im Dekanat München festgestellt, erhalten in der Regel zu wenig Rückmeldungen, insbesondere wenig Lob für ihre Arbeit. Damit sich dies ändert, bedarf es neuer Sichtweisen und Methoden in der kirchlichen Personalarbeit. Positiv zu werten ist es, dass im Bereich der kirchlichen Personalentwicklung in der Bayerischen Landeskirche mit der Einführung von jährlichen Mitarbeitendengesprächen für Pfarrer und Pfarrerinnen begonnen wurde.

Aufgabe des Personalmanagements in Profitunternehmen ist es, einen Beitrag zur betrieblichen Effizienz zu leisten und dabei ökonomische und soziale Zielkriterien zu optimieren. Anders ausgedrückt bedeutet dies, den Einsatz der Ressource Mensch so zu planen, dass der kompetente, motivierte Mitarbeitende beste Leistungen erbringt, sich im Unternehmen wohl fühlt und entsprechend seiner Fähigkeiten am richtigen Platz des Unternehmens eingesetzt wird.

Die Ansprüche der Organisation und die Ansprüche der Mitarbeiter und Mitarbeiterinnen in Einklang bringen

Es geht darum, die Ansprüche der Organisation als auch die Ansprüche der Mitarbeiter und Mitarbeiterinnen in Einklang zu bringen.

Um diesen Ausgleich zwischen Effektivität und Wirtschaftlichkeit einerseits und Arbeitszufriedenheit der Mitarbeitenden in ihrer Differenz als Frauen und Männer andererseits zu erreichen, sind verschiedene Instrumente und Methoden zur Entwicklung des Potentials der Mitarbeiterinnen und Mitarbeiter, diverse Weiterbildungsmaßnahmen (Seminare und On-the-Job-Trainings) und unterschiedlichste Förder- und Stützungs-

Frauenförderung

maßnahmen (wie Coaching, Supervision, Mentoring, Zielvereinbarungen, Festlegung von Quoten etc.) notwendig. All das gilt im übertragenen Sinne auch für das Personalmanagement in kirchlichen Einrichtungen.

Männlich, mittleres Alter, gesund ...

Im kirchlichen Bereich gehören zu den relevanten Zielgruppen der Personalarbeit vor allem theologisch und pädagogisch ausgebildete Mitarbeitende. Aber auch die Ehrenamtlichen und insbesondere die Gruppe der Frauen sollten stärker einbezogen werden. Frauen sind zweifelsohne die größte Gruppe bei den Haupt-, Neben- und Ehrenamtlichen in der Kirche. Doch Frauen sind leider noch eine vernachlässigte Arbeitnehmergruppe in kirchlicher Personalarbeit und sollen deshalb in den folgenden Überlegungen in den Mittelpunkt personalpolitischer Kalküle gerückt werden.

Frauen sind leider noch eine vernachlässigte Arbeitnehmergruppe in kirchlicher Personalarbeit

Personalarbeit im herkömmlichen Sinne orientiert sich bislang am Konstrukt des „Norm(al)mitarbeiters", d. h. männlich, mittleres Alter, gesund, mit ausreichender Berufserfahrung und in einer Stellung mit mittlerer Leitungsverantwortung. Faktisch stellt aber der so charakterisierte Mitarbeiter die Ausnahmeerscheinung dar. Warum ist er dann das Maß aller Dinge? Der Modellvorstellung entsprechen nur 30 % der deutschen Arbeitnehmenden, während die restlichen 70 % mehr oder weniger davon abweichen. Im kirchlichen Bereich entsprechen dieser Normvorstellung noch weniger, ich schätze, nur ca. 15 bis 20 %. In der Kirche werden damit nur Pfarrer, Pfarrerinnen, Juristen und Juristinnen, eventuell noch Diakone und Diakoninnen erfasst.

Geht man davon aus, dass unterschiedliche Personengruppen unterschiedliche Bedürfnisse, Interessen und Ziele haben, unterstellt man ferner, dass eine optimale Entfaltung von Potentialen der Mitarbeitenden eine bedürfnis- und zielgerechte Gestaltung der betrieblichen Lebenswelt voraussetzt, dann erscheint eine Orientierung am Normalmitarbeiter in der

Um bei allen Mitarbeitenden gleiche Wirkungen zu erzielen, müssen unterschiedliche Maßnahmen ergriffen werden

Personalarbeit wenig sinnvoll. Es wird übersehen, dass gleiche Maßnahmen bei Mitarbeitenden zu sehr unterschiedlichen Wirkungen führen – um bei allen Mitarbeitenden gleiche Wirkungen zu erzielen, müssen sehr unterschiedliche Maßnahmen ergriffen werden. Dieser Erkenntnis wird in jüngster Zeit in Wissenschaft und Unternehmenspraxis zunehmend Beachtung geschenkt. Eine an gruppenspezifischen und individuellen Besonderheiten ausgerichtete Personalarbeit gilt heute als wichtige Voraussetzung für die Erreichung der eingangs genannten personalwirtschaftlicher Ziele.[11]

Für den Bereich der Kirche ist anzumerken, dass Personalförderung seit jeher mit besonderer Sorgfalt für die theologisch gebildeten Mitarbeitenden betrieben wurde. Die übrigen Mitarbeitenden, das sind ca. 80 %, insbesondere Frauen, haben von dieser Förderung nur in sehr geringem Maße profitiert. Eine Neuorientierung der Personalarbeit gerade im kirchlichen Bereich ist deshalb nötiger denn je.

Warum auf einmal?

Weibliche Fach- und Führungskräfte sind das Potential, das entscheidend zur Zukunftssicherung von Unternehmen beiträgt

Es gibt weitgehend übereinstimmende Aussagen der Fachwelt, dass Frauen, insbesondere weibliche Fach- und Führungskräfte, das Potential sind, das entscheidend zur Zukunftssicherung von Unternehmen beitragen kann. Verwundern mag dies, weil bis vor kurzem Frauen diversen Diskriminierungen in der Arbeitswelt ausgesetzt waren und ihnen wenig Beachtung und explizite Förderung im Bereich der Personalarbeit zuteil wurde. Die Frage ist also: Woher kommt dieses plötzliche Interesse? „Die Antwort auf diese Frage lässt sich in zwei Punkten zusammenfassen: Eine erhöhte Konzentration auf die spezifische Arbeitnehmergruppe Frauen verspricht auf lange Sicht sowohl die Sicherung von Wettbewerbsvorteilen als auch den Erhalt

---

11 Vgl. Petra Dick, Frauenförderung als Ansatz unternehmerischer Gestaltung der Personalarbeit – Darstellung aus der Sicht der Wissenschaft, in: Wunderer/Kuhn (Hrsg.), Innovatives Personalmanagement, S. 333 ff.

Frauenförderung

gesellschaftlicher Akzeptanz, zwei zentrale Bedingungen unternehmerischer Zukunftssicherung."[12]
So gesehen erscheint Frauenförderung im Bereich der Personalentwicklung nicht nur aus normativen Gesichtspunkten, sondern zugleich aus ökonomischen Erwägungen heraus notwendig. Interessant ist zu erforschen, was die Ursachen für diese Umorientierung in der Personalentwicklung sind und ob diese Entwicklung auch bald in der Kirche Einzug hält?

Geheimwaffe Frau

Aufgrund der demographischen, wirtschaftlichen und technologischen Entwicklungen wird für die Zukunft ein eklatanter Mangel an männlichen Fach- und Führungskräften vorausgesagt. Gleichzeitig haben Frauen aufgrund der Ausbildung und beruflichen Qualifikation stärker als erwartet aufgeholt. Der Frauenanteil ist bei den Akademikern im letzten Jahrzehnt beträchtlich gestiegen. Das gilt auch für den Anteil von Frauen im Pfarrberuf. In der bayerischen Landeskirche haben wir inzwischen rund 20 % Theologinnen, auch bei den Theologiestudierenden steigt der Frauenanteil und liegt nun bei 40 %. Doch damit nicht genug!
In jüngster Zeit wird der Ruf nach neuen Führungsstilen im Gefolge der neuen Unternehmenskulturwelle und des Wertewandels laut. Denn „zur Sicherung bzw. Steigerung der ökonomischen und sozialen Effizienz werden verstärkt Sozialkompetenz, Sensibilität, Flexibilität, Intuition und Kreativität gefordert – Fähigkeiten und Eigenschaften, die gemeinhin mit dem Etikett ‚weiblich' versehen werden und die – was weniger offensichtlich ist – zugleich eine hohe Affinität zu zentralen Merkmalen des ‚Unternehmerischen' aufweisen".[13]
Wenngleich die Frage, ob Frauen oder Männer die besseren Führungspersönlichkeiten sind, durch wissenschaftliche Unter-

Sozialkompetenz, Sensibilität, Flexibilität, Intuition und Kreativität sind weiblich

---

12 Petra Dick a.a.O., S. 335
13 Petra Dick a.a.O., S. 336

Sigrid Schneider-Grube

suchungen noch nicht beantwortet ist, geht man in Bezug auf Befunde aus der Sozialforschung davon aus, dass Frauen im besonderen Maße über entsprechende ‚Softskills' verfügen und sich damit zum strategischen Erfolgsfaktor, zur ‚Geheimwaffe' im Kampf um Wettbewerbsvorteile entwickeln. Hinzu kommt ein in jüngster Zeit sich abzeichnender Bewusstseinswandel in der Gesellschaft und eine Annäherung der Rollenvorstellungen von Frauen und Männern bei der jüngeren Generation. Während Frauen verstärkte Orientierung auf eigene existenzsichernde Erwerbstätigkeit zeigen, erheben Männer immer mehr den Anspruch auf Privatleben und aktive Vaterschaft.

Männer erheben immer mehr den Anspruch auf Privatleben und aktive Vaterschaft

Diese Entwicklung wird auf lange Sicht Auswirkungen auf die Gestaltung des Arbeitsmarktes haben. Es ist anzunehmen, dass auch wirtschaftliche Rahmenbedingungen auf diese Entwicklung Rücksicht nehmen. Sollten in nächster Zeit immer weniger Männer zu zeit- und kräfteraubenden „Karriere-Aktivitäten" bereit sein, könnte sich schnell etwas verändern. In Anbetracht dessen scheint eine Reformierung der Personalarbeit hin zu einer familienfreundlicheren Gestaltung der Arbeitszeiten und eine verstärkte Konzentration auf die Zielgruppe Frauen mehr als geboten.

Erhalt gesellschaftlicher Akzeptanz

Wir wissen, dass Unternehmen heute nicht nur starken Konkurrenzzwängen unterliegen, sondern auch der Akzeptanz und sozialen Kontrolle durch eine kritische Öffentlichkeit ausgesetzt sind. Es gibt übergeordnete gesellschaftliche Interessen wie Umweltschutz, Sicherheit, Gesundheit und Gleichberechtigung. Immer mehr Organisationen im Profit- und Nonprofitbereich sehen sich gezwungen, einen Beitrag zur Umsetzung des gesetzlich verankerten Gleichberechtigungsgrundsatzes zu leisten. Einige Experten und Expertinnen halten es für denkbar, dass sich Unternehmen mittel- und langfristig gezwungen sehen, gezielte Maßnahmen zur Frauenförderung bzw. zur Förderung der Chancengleichheit zu betreiben, um striktere gesetzli-

Übergeordnete gesellschaftliche Interessen wie Umweltschutz, Sicherheit, Gesundheit und Gleichberechtigung

che Regelungen nach amerikanischem Vorbild zu verhindern. Hinzu kommt die Strategie des Gender-Mainstreaming, die langsam im Politikbereich und in der öffentlichen Verwaltung Einzug hält und damit ihrerseits Druck auf die Gestaltung der betrieblichen Personalarbeit ausübt. Unter Gender-Mainstreaming ist die systematische Einbeziehung der Bedürfnisse und Lebensbedingungen von Frauen und Männern in die Planungs-, Durchführungs- und Auswertungsphase aller Projekte gemeint. Anders ausgedrückt: Alle Entscheidungsprozesse sind so zu überprüfen, zu verbessern und weiterzuentwickeln, dass stets die Frage mitgedacht wird, wie sich ein Vorhaben und/oder eine Entscheidung auf die Gleichstellung zwischen Frauen und Männern auswirkt.

Systematische Einbeziehung der Bedürfnisse und Lebensbedingungen von Frauen und Männern

Abbau von Barrieren

Aus unternehmerischer Sicht ist es ausgesprochen sinnvoll, Frauen verstärkt ins Arbeitsleben, insbesondere in verantwortungsvolle Positionen zu integrieren. Aufgrund dieser Einsicht wird heute viel von Frauenförderung geredet und geschrieben. Ob sie betrieblicherseits auch umgesetzt wird, ist fraglich. In diesem Kontext drängt sich die Frage auf: Brauchen Frauen Förderung? Der Begriff ‚Förderung' ruft allzu leicht Assoziationen von Schwäche, Hilflosigkeit und Ohnmacht hervor, die weder Frau noch Mann gerne in Anspruch nehmen. Aber: Frauenförderung ist notwendig, weil Frauen strukturellen Barrieren ausgesetzt sind, die sie an der vollen Entfaltung ihrer Potentiale hindern.

Maßnahmen der Frauenförderung dienen nicht der Kompensation geschlechtsspezifischer Defizite, sondern dem Ausgleich strukturell bedingter Nachteile, dem Abbau von Karrierehemmnissen, die Folge und Ausdruck geschlechtsspezifischer Arbeitsteilung und patriarchalischer Herrschaftsstrukturen in den Betrieben und auch in den Kirchen sind. Immer noch haben Frauen nicht überall die gleichen Chancen. Das gilt insbesondere beim Einkommen, bei der Karriere und auf dem Arbeitsmarkt.

Immer noch haben Frauen nicht überall die gleichen Chancen

Die formale Gleichstellung allein ist es nicht. Wir wissen aus Erfahrung, dass der Teufel im Detail sitzt: Hinter vielen angeblich geschlechtsneutralen Regelungen, Verfahren und Kriterien verbergen sich oftmals mittelbare Diskriminierungen.

Personalentwicklung ist ein Prozess mit vielfältigen Aufgaben und Aktionsfeldern. Es ist ein systematisch gestalteter Prozess, der es ermöglicht, das Lern- und Leistungspotential der Mitarbeiterinnen und Mitarbeiter zu erkennen und gezielt zu fördern. Dazu zählen Maßnahmen zur Heranbildung von Führungskräften ebenso wie Konzepte zur Qualifizierung bestimmter Berufsgruppen. Demzufolge hat Personalentwicklung verschiedene Zielrichtungen. Sie hat die Entwicklung einzelner Personen, die Entwicklung von Gruppen – Arbeitsteams, verschiedene Berufs- und Zielgruppen – und die Entwicklung der Organisation im Ganzen im Blick: „Ein frauengerechtes Personalmanagement sorgt idealerweise dafür, dass bei der Beschaffung, Auswahl, Entwicklung, Entlohnung, Beurteilung sowie beim Einsatz von Mitarbeiterinnen und Mitarbeitern jegliche unmittelbare und mittelbare Diskriminierung vermieden wird."[14]

Jede Diskriminierung vermeiden

Ecksteine

Um dies zu erreichen, sind mehrere, einander unterstützende und ergänzende Maßnahmen notwendig. Dazu gehören neben der Festlegung von Frauenquoten die vielfältigsten Maßnahmen zur Förderung der Vereinbarkeit von Beruf und Familie: Teilzeitbeschäftigungen für Männer und Frauen, flexible Arbeitszeiten, Kontaktpflege während der Familiephase. Dazu gehören frauenfreundliche Gestaltung der betrieblichen Lebenswelt, Verankerung von Chancengleichheit in Führungs- und Unternehmensgrundsätzen, Thematisierung von Frauenbelangen in Betriebsversammlungen und Einflussnahmen auf die So-

---

14 Petra Dick a.a.O., S. 341

Frauenförderung

zialisation von Frauen, die Berufswahl, Karrieremotivation und Sozialverhalten junger Frauen beeinflussen.
Die Berliner Arbeitswissenschaftlerin Gertraude Krell ist der Meinung, dass wir eine Kurskorrektur brauchen, weg von herkömmlicher Frauenförderung zur Gleichstellungspolitik: „Chancengleichheit ist das Ziel, Gleichstellungspolitik der Weg. Mit beiden Begriffen verbunden ist eine Kurskorrektur gegenüber dem herkömmlichen Verständnis von Frauenförderung ... Frauenförderung (wird) oft mit der Benachteiligung von Männern gleichgesetzt. Chancengleichheit zu verwirklichen heißt dagegen, Organisationen so zu verändern, dass allen Beschäftigten eine ihren Qualifikationen und Interessen entsprechende berufliche Entfaltung und Entwicklung ermöglicht wird. Mit anderen Worten: Es geht nicht um Frauenförderung im Sinne einer tatsächlichen oder vermeintlichen Bevorzugung von Frauen, sondern letztlich darum, dem Leistungsprinzip zum Durchbruch zu verhelfen, indem Bedingungen geschaffen werden, unter denen alle leisten können und wollen ..."[15]

Leistungsprinzip zum Durchbruch verhelfen

Erfolgversprechend ist Gleichstellungspolitik dann, so Gertraude Krell, wenn in der betrieblichen Gleichstellungspolitik bestimmte Ecksteine berücksichtigt werden. Bildhaft gesprochen kann nach ihrer Meinung nicht immer und überall an allen Ecken zugleich und mit gleicher Intensität gearbeitet werden. Das von ihr entwickelte Eckstein-Konzept (vgl. Abbildung auf der folgenden Seite) verdeutlicht, wo grundsätzlich etwas getan werden sollte.

---

15 Gertraude Krell, Chancengleichheit durch Gleichstellungspolitik – eine Neuorientierung

Sigrid Schneider-Grube

Erhöhung des Frauenanteils in Fach- und Führungspositionen	Gestaltung und Bewertung herkömmlicher Frauenarbeitsplätze
Ecksteine betrieblicher Gleichstellungspolitik	
Erleichterung der Vereinbarkeit für beide Geschlechter	Maßnahmen bezogen auf (männliche) Führungskräfte

Die konstruktive Auseinandersetzung mit frauenpolitischen Fragen bzw. der Gleichstellungspolitik im Rahmen des Personalmanagements weist auf eine Veränderungsbereitschaft des Unternehmens, der Organisation hin. Moderne Personalarbeit sollte deshalb die Gleichstellung von Frauen und Männern einbeziehen. Geschieht dies, ist Personalarbeit per se innovativ, erfordert sowohl Wissen als auch Intuition, Kreativität sowie gewisse Experimentierfreunde und Risikobereitschaft. Diese Offenheit wünsche ich der kirchlichen Personalarbeit.[16]

Sigrid Schneider-Grube

---

16 Verwendete Literatur: Assig, Dorothea; Beck, Andreas: Frauen revolutionieren die Arbeitswelt – Handbuch zur Chancengerechtigkeit, München 1996; Krell, Gertraude (Hrsg.): Chancengleichheit durch Personalpolitik – Gleichstellung von Frauen und Männern in Unternehmen und Verwaltungen, Wiesbaden 1997; Wunderer/Kuhn (Hrsg.): Innovatives Personalmanagement, München 1998

Dorothee Burkhardt

Wir sind Männer und Frauen

Erinnern Sie sich an die Kleinkinderzeit Ihrer Kinder oder der Kinder von Freunden oder Verwandten, als der kleine Junge oder das kleine Mädchen den Unterschied zwischen Frauen und Männern bewusst erkannte und fragte: „Was macht die Frau da?" „Ist das ein Mann?"
Im Umgang von Menschen mit Menschen ist die Geschlechtszugehörigkeit das erste und wichtigste Orientierungsmerkmal. Dieses Orientierungsmerkmal wirkt sich sowohl auf die Selbstwahrnehmung als auch auf die Fremdwahrnehmung aus. Dafür gibt es drei Gründe:

- Das Geschlecht ist ein unübersehbares Merkmal, das sofort wahrgenommen wird.
- Die Geschlechterrolle wird früh in der Kindheit erlernt und behält einen starken Einfluss auf nahezu alle Lebensbereiche. Kinder beginnen mit dem zweiten Lebensjahr sich mit ihrem Geschlecht zu identifizieren. Die Berufsrollen werden hingegen erst relativ spät im Leben erlernt und beziehen sich nur auf eingegrenzte Bereiche.
- Für Frauen und Männer ist der Umgang miteinander einfacher, wenn beide die geschlechtsspezifischen Rollenerwartungen erfüllen. Deshalb wird auch bei beruflicher Kommunikation auf die vertrauten geschlechtsstereotypen Verhaltensmuster zurückgegriffen, selbst wenn es für Betriebsabläufe nicht optimal ist.

„Was macht die Frau da?"
„Ist das ein Mann?"

Männer!

Bereits aus dem privaten Bereich wissen Sie, wie unterschiedlich sich Frauen und Männer etwa in Gesprächen verhalten. Denken Sie alleine an die unterschiedliche Körpersprache. Männer sitzen unter Umständen breitbeinig und raumgreifend da,

Männer sitzen unter Umständen breitbeinig und raumgreifend da

Dorothee Burkhardt

während diese Haltung für Frauen traditionellerweise nicht als angemessen angesehen wird.[17]

Auch in Gremien ist unterschiedliches Gesprächsverhalten bekannt.[18] Nach Untersuchungen tendieren Männer überwiegend dazu, Gespräche zu kontrollieren, Frauen dazu, die Gesprächsarbeit zu leisten.[19] Dazu gehört, dass Frauen ihre Thesen oft in Frageform präsentieren und dadurch zur Diskussion stellen.[20]

Natürlich spielt dieses unterschiedliche Verhalten ebenso bei dienstlichen Gesprächen eine Rolle, auch bei den Jahresgesprächen für Mitarbeitende oder bei Beurteilungsgesprächen. Mitarbeiterinnen werden tendenziell häufiger von ihren Vorgesetzten unterbrochen, als ihre männlichen Kollegen.[21] Doch nicht nur das Gesprächsverhalten selbst wird beeinflusst. Im beruflichen Alltag überlagern sich aus den gleichen Gründen unmerklich die Wahrnehmung der Arbeitsleistung und das Geschlecht der Person, die diese Leistungen erbringt.

Mitarbeiterinnen werden tendenziell häufiger von ihren Vorgesetzten unterbrochen

Diese Überlagerung ist nicht zu vermeiden, wir sind keine Neutren, sondern Frauen und Männer. Im Jahresgespräch für Mitarbeitende geht es nicht um eine förmliche Beurteilung von Leistung mit bestimmten Noten, aber auch in diesem Gespräch muss genau angeschaut werden, was der oder die Mitarbeitende im letzten Jahr getan hat, unter welchen Umständen und mit welchem Ergebnis.

Es müssen Mitarbeitende und Vorgesetzte bereits bei der Vorbereitung überlegen, wo die Stärken und Probleme des Mitarbeitenden bzw. der Mitarbeitenden liegen und welche Ziele ge-

---

17 Samy Molcho, Körpersprache, Goldmann 1996, S. 122
18 Elfriede Peil, Sitzungsleiden – aus dem Brief einer Kirchenvorsteherin, Unser Auftrag 2/2000, S. 10 f.
19 Dr. Ulrike Gräßl, Emanzipiert und doch nicht gleichberechtigt, Schriftenreihe der Universität Regensburg Band 18, Mai 1991, S. 159
20 id., a.a.O. S. 153
21 Leitfaden für Personalentwicklungsgespräche der Evang. Landeskirche in Württemberg, Februar 2000, S. 11

setzt werden können. Insoweit geht es um eine Leistungsbeurteilung, einerseits durch den Vorgesetzten, andererseits durch die Mitarbeitenden hinsichtlich der eigenen Leistung. Es geht auch um Feedback für Vorgesetzte.

Die gute Mutter

Im Bemühen um eine möglichst objektive und gerechte Beurteilung dieser Fragen ist es unerlässlich, sich die eigene geschlechtsgeprägte Sicht bewusst zu machen. Dies gilt für männliche Vorgesetzte genauso wie für weibliche. Nicht zu vergessen, es gilt auch für die Mitarbeitenden selbst. Gerade Frauen neigen oft dazu, ihre Leistung als selbstverständlich hinzunehmen und damit „klein" zu machen.

Frauen neigen dazu, ihre Leistung „klein" zu machen

Das Verhältnis der Geschlechter in unserer Gesellschaft ist, obwohl Fortschritte zu verzeichnen sind, immer noch geprägt von einer tradierten Geschlechterhierarchie. Männliche Verhaltensweisen, Männern zugerechnete Eigenschaften werden deshalb in fast allen gesellschaftlichen Bereichen, in der Wirtschaft, in der Politik, im Sport, in der Kunst, an Schulen bis hin zum Privatbereich höher bewertet als Verhaltensmuster, die Frauen zugeordnet werden.

Untersuchungen der Gleichstellungsstelle der Stadt München haben ergeben, dass bei Regelbeurteilungen Frauen schlechter als Männer, Teilzeitbeschäftigte schlechter als Vollzeitbeschäftigte beurteilt wurden.[22] Dabei war das Beurteilungsgefälle umso größer, je „höher" die Laufbahn war, am höchsten im höheren Dienst. Für den kirchlichen Dienst, insbesondere bei Pfarrern und Pfarrerinnen, muss davon ausgegangen werden, dass ähnliche Ergebnisse wegen gleicher Mechanismen bei Leistungsbewertungen vorliegen.

Nach den genannten Untersuchungen spielen für die unterschiedliche Beurteilung unterschiedliche Leitbilder eine Rolle:

---

22 Friedel Schreyögg, Praxisbeispiel Stadt München: Beurteilungsverfahren sind nicht geschlechtsneutral. In Gertraud Krell, Chancengleichheit durch Personalpolitik, 2. Aufl. 1998, S. 149 ff.

Einerseits eine männliche Führungskraft, die wie ein bürgerlicher Haushaltsvorstand die Verantwortung übernimmt und sich zuarbeiten lässt. Andererseits nicht so gut beurteilte Personen, die für gute Zusammenarbeit zwischen verschiedenen Stellen sorgen, wie eine gute Mutter.[23]

Keine Diskriminierung mehr

Leistungsbewertungen sind – auch bei größtmöglichem Bemühen um Objektivität – ein subjektiver Vorgang und werden durch unterschiedliche allgemeine Verhaltenserwartungen an Frauen und Männer beeinflusst.

Wie können wir gegensteuern? Wir müssen uns zunächst die Grundlagen für die Bewertung von Leistungen bewusst machen und dabei versuchen, die genannten geschlechtsspezifischen Typisierungen zu vermeiden. Zunächst kommt es auf eine genaue Beobachtung der Arbeit von Mitarbeiterinnen und Mitarbeitern und der Art der Zusammenarbeit mit ihnen an. Die Bewertung der Arbeit wird ergänzt und beeinflusst:

Geschlechtsspezifische Typisierungen vermeiden

- durch das Gespräch mit andern über die Arbeitsleistung
- durch das Verhalten der Mitarbeiterinnen und Mitarbeiter im Team
- durch die Kooperation mit anderen Dienststellen
- durch den Umgang mit der Gemeinde und der Öffentlichkeit.

Wo sind gegebenenfalls geschlechtsspezifische Wahrnehmungsverzerrungen bei Dritten vorhanden, die ich nicht übernehmen kann?

Wenn künftig bei den Jahresgesprächen mit Mitarbeitenden konkrete Ziele vereinbart werden, kann die Arbeitsleistung konkreter gemessen werden. Fachleute hoffen, dass durch derartige Zielsetzungsverfahren eine diskriminierungsfreie Leistungsbeurteilung möglich ist. Voraussetzung dafür ist jedoch, dass Kriterien so gewählt werden, dass sie konkrete Aussagen

---

23 id., a.a.O., S. 151 f.

über die Erfüllung von Aufgaben und Zielen machen können und sich nicht an Persönlichkeits- und Verhaltensmerkmalen orientieren. Die allgemeinen Leistungsbedingungen und situativen Gegebenheiten müssen berücksichtigt werden.

Die gute Hirtin

Gemeindestrukturen, Leitbilder, Arbeitsanforderungen, Leistungskriterien sind in der Kirche ebenso wie im öffentlichen Bereich überwiegend von Männern entwickelt und geprägt worden. Das soll an einigen Beispielen veranschaulicht werden:

Bei der Bewertung von Führungskräften spielt das Bild vom Pfarrer, der als Hirte führt und leitet, in den Gemeinden vor Ort und in den Leitungsämtern der Kirche, nach wie vor eine große Rolle. Modernere Führungsmethoden, die auf soziale Kompetenz und Teamfähigkeit setzen, geraten dabei in der gemeindlichen Alltagspraxis manchmal ins Hintertreffen.

Einsatzbereitschaft wird häufig gemessen an der Bereitschaft zu Überstunden und an uneingeschränkter zeitlicher Verfügbarkeit. Insbesondere Frauen und Männer im Teildienstverhältnis können, selbst wenn sie in der Arbeit ein sehr hohes Engagement zeigen, diesen vermeintlichen Anforderungen nicht genügen. Dies kann sich in der Leistungsbewertung niederschlagen. Hohe Effektivität der Leistung in der zur Verfügung stehenden Zeit muss jedoch maßgeblich sein.

Auch das gesellschaftliche Umfeld beeinflusst unsere Wahrnehmungen am Arbeitsplatz. So wird in unserer Gesellschaft von Frauen in der Regel erwartet, dass sie der Familie mehr Gewicht beimessen als dem Beruf, von Männern, dass sie ihre berufliche Entwicklung über ihr Privatleben stellen. Diese Verhaltenserwartungen, die sich erst ganz langsam verändern, begünstigen männliche Maßstäbe am Arbeitsplatz mit der entsprechenden Folgewirkung auf die Bewertung der Leistungen von Frauen.

So wird z. B. der Beitrag von Frauen zu einem positiven Be-

Führungsmethoden, die auf soziale Kompetenz und Teamfähigkeit setzen, geraten in der gemeindlichen Alltagspraxis manchmal ins Hintertreffen

triebsklima zwar gepriesen. Er wird aber eher der weiblichen Wesensart zugerechnet, denn als Arbeitsleistung gewertet, um die es sich handelt. Ebenso wird von Frauen aufgrund ihrer Geschlechterrolle mütterliches Verhalten erwartet. Bei Männern hingegen wird soziale Kompetenz als Pluspunkt herausgestellt.

Aber auch Frauen selbst stehen in der Gefahr, durch ihre allgemeine und religiöse Sozialisation überkommene männliche und weibliche Leitbilder verinnerlicht zu haben. Die unterschiedlichen Verhaltenserwartungen an Frauen und Männer können zu einer unterschiedlichen Wertung der gleichen Leistungen führen.

Kritisch prüfen

Handreichungen zur Vorbereitung von Jahresgesprächen und Beurteilungsgesprächen

Um den unbewussten Mechanismen zur Benachteiligung von Frauen – und auch teilzeitbeschäftigten Männern – gegenzusteuern, hat die Frauengleichstellungsstelle der Evangelisch-Lutherischen Kirche in Bayern in Zusammenarbeit mit Pfarrerin Köppen, Pfarrerin Pflüger und Pfarrerin Uhrich ausführliche Handreichungen zur Vorbereitung von Jahresgesprächen und Beurteilungsgesprächen für Vorgesetzte und eine entsprechende Handreichung für Mitarbeitende erstellt, die bei der Frauengleichstellungsstelle bezogen werden können.[24] In diesen Handreichungen hat die Frauengleichstellungsstelle Fragen aufgelistet, die eine kritische Prüfung der eigenen Wahrnehmung unterstützen. Es handelt sich insbesondere um Fragen zur Art der Zusammenarbeit, Aufgabenverteilung, Art

---

24 Wir danken der Gleichstellungsstelle für Frauen der Landeshauptstadt München, die uns einen entsprechenden Leitfaden als Grundlage dieser Arbeit zur Verfügung gestellt und entsprechende Daten erhoben haben. Über Rückmeldungen und Anregungen zur Weiterentwicklung des Leitfadens freuen wir uns: Frauengleichstellungstelle (fgs) der Evangelisch-Lutherischen Kirche in Bayern, Marsstraße 19, 80335 München. Tel. (0 89) 55 95-422 oder -432. E-Mail: Landgraf@elkb.de; Schulze@elkb.de

der Förderung, Belastbarkeit sowie zu Fragen des Teildienstes und zur Zusammenarbeit von Ordinierten und Nichtordinierten.

Hilfreich ist das von Frank Dulisch[25] erstellte Lernprogramm zur Psychologie der Personalbeurteilung. In dem interaktiven Programm werden gängige Wahrnehmungstäuschungen und Beurteilungsverzerrungen aufgezeigt und die Hintergründe für Frauendiskriminierung und die Benachteiligung von Teilzeitbeschäftigten dargelegt.

Dem Einfluss geschlechtsspezifischer Rollenerwartungen und Wertmuster kann sich niemand entziehen. Um das Ziel zu verwirklichen, das Arbeitsergebnis von Mitarbeiterinnen und Mitarbeitern gerecht zu beurteilen, müssen wir kritisch unsere geschlechtsspezifischen Wahrnehmungsmuster mit einbeziehen. Bei den Verhaltenserwartungen, die wir am Arbeitsplatz an Mitarbeiterinnen oder Mitarbeiter stellen, vermischen sich unbewusst dienstliche und geschlechtsspezifische.

Selbstkritik ist angesagt

Ohne eine kritische Selbstbeobachtung laufen wir Gefahr, ungewollt Frauen zu benachteiligen. Ein Nachdenken über das eigene Beobachtungsverhalten entspricht dem christlichen Selbstverständnis (vgl. Mt 7,3 f., Lk 6,41 f.).

Bei der Einführung des Jahresgesprächs für Mitarbeitende ist die Einbeziehung von geschlechtsspezifischen Aspekten vorgesehen. Im Rahmen der Personalentwicklung können Frauen zum Ausgleich bestehender Nachteile besonders gefördert werden (Art. 11 der Kirchenverfassung). So kann z. B. dazu geraten werden, dass ein Pfarrersehepaar, das sich eine Pfarrstelle teilt, mit der Pfarramtsführung abwechselt. Es kann eine Pfarrerin als stellvertretende Dekanin vorgeschlagen werden. Wer

---

25 Frank Dulisch, Lernprogramm Psychologie der Personalbeurteilung, Internet: www.fhbund.de/index/dulisch.htm. Disketten bei Frank Dulisch, FH Bund, Willy-Brandt-Straße 1, 50321 Brühl.
E-Mail: fdulisch@fhbund.de

Dorothee Burkhardt

erfolgreiche Personalentwicklung betreibt und Frauen individuell fördert, wird auch erfolgreich sein bei der Bewertung seiner eigenen Tätigkeit als Vorgesetzte oder Vorgesetzter.

Dorothee Burkhardt

5 Konfliktfelder

Schnitte

Dr. Claus Meier

Kirche und Management – Feuer und Eis?

Kennen Sie den klassischen Gang eines jungen Managers – die political correctness erforderte eigentlich zu sagen: oder einer jungen Managerin, aber Frauen sind in diesem Gewerbe noch vergleichsweise wenig vertreten. Bleiben wir also beim Mann, beim Manager. Die linke Hand vergräbt sich tief in der Hosentasche des Boss-Anzuges, während die Rechte geschäftig das Handy ans Ohr drückt; der Kopf ist leicht gesenkt, immer mal wieder unterbrochen von kurzen Bewegungen, die den Blick zum Himmel richten, die linke Hand aus der Hosentasche ziehen lassen und wild gestikulierend andeuten, dass dies und das, was der oder die andere am anderen Ende der Leitung sagt, völliger Blödsinn sei und man es selber doch viel besser wüsste, egal ob sich die beiden gerade über das Wetter, die neuesten Aktienkurse oder über den letzten gemeinsamen Zechabend unterhalten.

Und kennen Sie den klassischen Gang eines jungen Theologen oder – hier lohnt die political correctness – einer Theologin? Ein wenig schlaksig, beide Hände in den Hosentaschen, oder auch nur eine, dann aber hält die andere mindestens irgendeine alte Leder- oder Plastiktasche über Kreuz auf den Rücken. Der Blick des Theologen oder der Theologin ist geschärft für das Gegenüber, das nicht als gleichwertiger Mensch, sondern oft etwas mitleidig als etwas angesehen wird, was unbedingt Hilfe braucht.

Der Blick des Theologen und der Theologin ist geschärft für das Gegenüber

Es scheint so, das wollte ich mit dieser nicht ganz ernst zu nehmenden Karikatur ausdrücken, als lägen Welten zwischen dem Manager und dem Theologen und ihrer weiblichen Pendants, als wären Management und Kirche zwei Systeme, die sich unversöhnlich gegenüberstehen und keinen gemeinsamen Code mehr haben, der eine Verständigung untereinander zulässt.

Dr. Claus Meier

Ein kirchliches Wespennest

Das Thema Management und Kirche ist in den letzten Jahren auf die Tagesordnung allerlei Veranstaltungen gerufen worden. Auslöser war der gute Sinn eines Münchener Unternehmensberaters, fleißiger Kirchenvorstand seiner Ortsgemeinde und engagierter Christ. Er machte den Vorschlag, die Unternehmensberatung McKinsey in einer Pro-Bono-Studie mit der Durchleuchtung des Dekanats München zu beauftragen, um Verbesserungspotentiale zu heben, die sich aus der genauen Analyse der Wünsche derjenigen, die das Leben in der Kirche bestimmen, nämlich der Kirchenmitglieder, ergeben, und der Kirche zu helfen, sich besser nach außen darzustellen. Was er damit auslöste, dürfte ihm wohl nicht klar gewesen sein, er hat damit förmlich in ein kirchliches Wespennest gestochen, das sich mittlerweile in der wissenschaftlichen-theologischen Diskussion in Form von Grundsatzerklärungen wiederfindet.

Von Ökonomisierung der Kirche ist die Rede, Konzepte und Gegenentwürfe werden publiziert, hitzige Debatten finden in Ortsgemeinden und Konferenzen, im Fernsehen und in den Printmedien statt. *Lohnt sich das?*

Alfred Jäger, Bielefelder Sozialethiker, schreibt zu dem Thema: „Begriffe werden durch den Sprachgebrauch aufgeladen und besetzt. Dazu gehört besonders im kirchlichen Raum das Wort Management. Damit ist so etwas ganz und gar Weltliches gemeint, dass es vom theologischen Vorverständnis her kaum Chancen hat, jemals eingemeindet zu werden."

Warum dem so ist, dem soll im Folgenden nachgegangen werden: Kirche und Management, ist das wie Feuer und Eis, also wie zwei Dinge, die scheinbar so überhaupt nicht zusammenpassen? Ich will das tun vom Standpunkt eines kirchlichen Seiteneinsteigers, der nach einem volkswirtschaftlichen Studium Geschäftsführer- sowie Wirtschaftsberatungs- und -prüfungstätigkeiten ausgeübt hat und nun für die Finanzen der evangelischen Landeskirche in Bayern verantwortlich ist.

Kirche und Management – Feuer und Eis?

Klare Begriffe

Um der Debatte fruchtbare Fortschritte zuzueignen, ist eine klare Begriffsbestimmung notwendig:
Es ist ganz deutlich zwischen der Wirtschaft, also dem Kultursachbereich, der Teil unserer Gesellschaft ist, und den Management-Methoden, also den Instrumenten, zu unterscheiden. Das darf nicht miteinander vermischt werden.
Kultursachbereiche, Systeme der Gesellschaft, haben funktionale Unterschiede und verschiedene Sprachen, verschiedene Codes. Hier erscheint eine Verständigung oft schwierig, weil die Funktion der einzelnen Systeme ganz unterschiedlich ausgerichtet sein kann, weil die Sprachen unterschiedlich sind. Systeme innerhalb einer Gesellschaft können solch unterschiedliche Funktion haben, um erst im Wechselspiel das Funktionieren eines übergeordneten Systems zu gewährleisten. Beim Auto gibt es etwa das System Gas-Geben mit all seinen kleinen technischen Systemen, die die Beschleunigung des Gesamtsystems sicherstellen. Zum anderen gibt es das Bremssystem, das das Auto zum Stillstand bringt. Zwei lebensnotwendige Systeme für das Gesamtsystem. Ein Auto ohne Gaspedal wäre genauso sinnlos wie eines ohne Bremspedal.

Zwei lebensnotwendige Systeme für das Gesamtsystem

Die Systeme haben also ganz unterschiedliche Funktionen. Die Instrumente, deren sich diese Systeme bedienen, können aber ganz ähnlich oder sogar gleich sein, auch wenn sie im Ergebnis unterschiedliche Funktionen haben. Gas und Bremse bedienen sich im Auto etwa beide eines Instruments „Pedal", das mit dem Instrument Fuß des Menschen bedient wird. Wie nun dieses Instrument eingesetzt wird, zum Beschleunigen oder zum Abbremsen, hängt ganz alleine vom Benutzer ab.
In diesem Verhältnis müssen auch Wirtschaft und Management gesehen werden. Die Wirtschaft ist das System, der Kultursachbereich, Management ist ein Instrument, das vornehmlich, aber nicht ausschließlich in diesem System angewendet wird.

Dr. Claus Meier

Unterschiede
der Kultursachbereiche Theologie und Wirtschaft

Handlungsrationalitäten

Dass die Debatte um Kirche und Management so hitzig geführt wird und mittlerweile von manchen gerne auf das Niveau theologischer Grundsatz-Erklärungen gehoben werden würde, ist nur allzu verständlich. Management wird im Allgemeinen mit der Wirtschaft in Verbindung gebracht, mit Unternehmen und deren berechtigterweise ökonomisch ausgerichteten Interessen. Und das Handeln von Menschen in der Wirtschaft ist vom Handeln im kirchlichen Bereich faktisch unterschieden.

Handeln von Menschen ist implizit oder explizit von Prämissen, Leitbildern und Rationalitäten geprägt. Meistens trifft der erwachsene Mensch, der im Vollbesitz seiner Kräfte ist, Entscheidungen aufgrund von Erfahrung, von Kenntnissen und Wissen, die er sich im Laufe seines Lebens angeeignet hat. Hier spielen Fragen der Tradition, der Erziehung, der gesellschaftlichen Prägung eine Rolle, das familiäre Umfeld etc., das das Handeln des Menschen von vornherein mit bestimmten Wertbildern ausstattet, die Handeln beeinflussen.

Gleichzeitig gibt dem Menschen das Handlungsumfeld Gesetzmäßigkeiten, Regeln und Möglichkeiten vor, die auf das Handeln entscheidend einwirken oder entsprechendes Tätigwerden gegebenenfalls sogar beeinflussen. Für das Handeln in bestimmten Handlungsfeldern müssen die Voraussetzungen für dieses Handeln er- und anerkannt werden.

Das Handeln des Menschen ist auf Rationalitäten begründet, die für Wirtschaft und Kirche bei näherer Betrachtung recht unterschiedlich ausfallen.

Das Handeln des Menschen ist auf Rationalitäten begründet

Handeln im Kultursachbereich Ökonomie ist vom Wirtschaftlichkeitsgrundsatz geprägt: Der Wirtschaftlichkeitsgrundsatz setzt sich aus zwei Prinzipien zusammen, nämlich dem Maximalprinzip und dem Minimalprinzip. Das Maximalprinzip fordert, mit dem Handeln den größtmöglichen Nutzen für sich

Kirche und Management – Feuer und Eis?

und für das Handlungsfeld aus dem Handeln zu ziehen, während das Minimalprinzip gleichzeitig verlangt, dass dies nur mit dem geringst möglichen Aufwand an eigener Energie und vorhandenen Ressourcen geschehen soll. Das Ergebnis der Differenz von Nutzen weniger Aufwand, also des Einsatzes, um diesen Nutzen zu erreichen, soll möglichst hoch sein. Das ist die handlungstheoretische Rationalität, die den Menschen in der Wirtschaft bestimmt. Der hypothetische Handlungsimperativ für die Wirtschaft lautet demnach: Handle so, dass der Nutzen deines Handelns nach Abzug des Aufwands möglichst groß bleibt.

Ganz anders sieht es im Kultursachbereich Kirche aus: Hier gilt zwar auch das Maximalprinzip, aber nur noch eingeschränkt. Denn im Vordergrund steht der Nutzen des oder der anderen. In gut protestantischer Tradition ließe sich sogar sagen: Nur der Vorteil beziehungsweise Nutzen des oder der anderen, da das Inrechnungstellen des eigenen Nutzens schnell in den Verdacht der Werkgerechtigkeit gerät. Ob letztere Interpretation biblisch-exegetisch aufrechtzuerhalten ist, sei dahingestellt.

Im Handlungsfeld Kirche gilt – bislang – nicht das Minimalprinzip: Wenn es darum geht zu handeln, etwa jemandem zu helfen, wird der Ressourcenaufwand – der eigene wie der fremde – völlig in den Hintergrund gedrängt. Im Extremfall ist die Aufgabe aller eigenen Kräfte gefragt, bis hin zur Selbstaufgabe für den anderen, nach dem Gesichtspunkt der Ökonomie genau das Falsche, das man tun kann, da dann der Aufwand weit den Nutzen überschreitet.

Im Extremfall ist die Aufgabe aller eigenen Kräfte gefragt

Der hypothetische Imperativ für das Handlungsfeld Kirche lässt sich also definieren: Handle so, dass das Ergebnis Deines Handelns den größtmöglichen Nutzen für den anderen bringt, egal, was Du dabei an Mühen und Ressourcen aufwenden musst, wohlgemerkt an eigenen Mühen und eigenen Ressourcen.

Wir haben es in Kirche und Wirtschaft mit zwei verschiedenen Kriterien für das Erreichen des unter Umständen gleichen Zie-

Dr. Claus Meier

les zu tun: Während innerhalb der Ökonomie zwangsweise alle Ressourcen und Mittel zu schonen sind, um ein möglichst gutes Ergebnis zu erzielen, ist das Ergebnis des kirchlichen, des theologisch motivierten Handelns meist schon per se gut. Dies ist aber nur ein fundamentaler Unterschied der Systeme. Es gibt noch einen weiteren.

Handlungsvoraussetzungen

Diese zweite Differenz, nämlich die Diskrepanz der Handlungsvoraussetzungen für das Handeln in Wirtschaft und Kirche, hängt unmittelbar mit der ersten, der Differenz der Rationalität, zusammen. Dies kann an einem Beispiel verdeutlicht werden: Von Unternehmen wird in der Öffentlichkeit verlangt, soziale Verantwortung wahrzunehmen. In der Presse werden bei Image-Ratings, also bei Bewertungen des allgemeinen, öffentlichen Erscheinungsbildes eines Unternehmens, oft die Konzerne weit oben placiert, die nicht nur viel für ihre Mitarbeiter tun, sondern die auch gesellschaftsrelevante Programme, sei es im Bereich Arbeitsförderung, Umweltschutz oder Ähnlichem unterstützen.

Andererseits werden große Unternehmen, die dies nicht tun, häufig von Wirtschaftskritikern – und dazu gehören auch viele Teile der Kirche – an den Pranger gestellt, weil sie – so die Kritiker – ihrer Sozialpflicht nicht nachkommen würden. Bevor man sich aber auf diese zu grob gezogene Ideologisierung einlässt, ist die Sachlage differenziert zu betrachten: Welche Voraussetzungen muss ein Unternehmen haben, um ein solches gesellschaftswirksames Programm finanzieren zu können?

Es gibt in Unternehmen normalerweise keine Garantie für Geldfluss, der nicht selbst erwirtschaftet wurde

Ein Unternehmen muss sich diese Voraussetzungen erst erwirtschaften. Das heißt, ein Unternehmen muss erst so viel Plus erreicht haben, um von diesem jährlichen Gewinn Geld abzweigen zu können, damit solche Programme finanzierbar werden, ohne dabei die eigene Existenz und damit Arbeitsplätze zu gefährden. Es gibt in Unternehmen normalerweise keine Garantie für Geldfluss, der nicht selbst erwirtschaftet wurde.

Kirche und Management – Feuer und Eis?

Es sei in diesem Zusammenhang nicht diskutiert, dass sich gesellschaftsrelevante Aktivitäten der Unternehmen sicher langfristig auch ökonomisch bezahlt machen, in einer kurzfristigen Bilanz tauchen solche Kennzahlen zunächst nur als Verluste, genauer: als vermeidbare und infolgedessen zu vermeidende Kosten auf. Also gilt für Unternehmen: Sie müssen sich – um einen wirklichen Beitrag, einen sichtbaren Beitrag für sozialrelevante Programme zu leisten – diese Voraussetzungen erst selbst schaffen.

Wie sieht es in der Kirche aus? Kirche besteht zu allererst aus ihren Mitgliedern, die mit ihrer Kirchensteuer die Kirche finanzieren. Die Mitglieder erwarten sich dafür Orientierung in Glaubensfragen, Hilfe in Notsituationen, Segen in Umbruchssituationen des Lebens, christlichen Beistand in biografischen Extremen. Die Kirche muss sich die Voraussetzungen für ihren wie auch immer gearteten Dienst am Menschen in dem Sinn nicht direkt über Verkaufszahlen eines Produktes erwirtschaften. Die Kirche als die institutionale Gestalt der in ihr vereinigten Mitglieder muss sich also die Bedingungen für den Dienst am Menschen nicht erst erwirtschaften, sondern sie hat sie über die Mitgliedsbeiträge. Für diese Beiträge erwarten die Menschen, die Mitglied der Kirche sind, auch etwas. Das heißt: Die Kirche kann sich nicht von den Wünschen und Vorstellungen ihrer Mitglieder unabhängig machen, will sie auch in Zukunft noch von den Mitgliedsbeiträgen leben.

Die Kirche kann sich nicht von den Wünschen und Vorstellungen ihrer Mitglieder unabhängig machen

Ein immaterielles Produkt

Worum geht es aber der Kirche? Der Gegenstand, mit dem es die Kirche in erster Linie zu tun hat, ist der Glaube, und mit ihm verbunden die Verkündigung des Evangeliums und die Diakonie, die sich in ganz verschiedenen Diensten äußern kann, in der Seelsorge, im sozialen Dienst, im Angebot von Gruppen usw. All diese Dienste fußen auf dem Evangelium als Heilsbotschaft. Was aber ist diese Heilsbotschaft, wie kann man sie im vielstimmigen Chor der Pfarrerinnen und Pfarrer

Dr. Claus Meier

und der Gläubigen harmonisieren, kommt doch jeder und jede mit einer je individuellen Biografie, die sich ganz sicher auch auf das Verständnis des Glaubens bezieht. Vielleicht lässt sich die Heilsbotschaft auf folgenden gemeinsamen Nenner bringen: Gott hat dem Mensch die Sünden vergeben und das Heil zugesagt. Der Mensch ist dadurch frei, um sich dem oder der Nächsten zuzuwenden, um den oder die Nächste zu lieben wie sich selbst.

Wie das im Alltag einer Kirchengemeinde umgesetzt, gelebt wird, ist von ganz vielen Umständen abhängig, zuvorderst aber von den Vorstellungen und Wünschen der die Kirchengemeinde konstituierenden Mitglieder.

Das Produkt der Kirche ist immateriell

Es gibt also einen weiteren Unterschied zwischen Kirche und Unternehmen. Es ist der Gegenstand, um es in der Sprache der Ökonomen auszudrücken, das Produkt, um das es in der Kirche geht: Es ist immateriell, partiell in vorsichtiger Form allenfalls zu vergleichen mit einer Dienstleistung. Aber auch das gilt nicht wirklich, da das Bedürfnis nach diesem Gegenstand empirisch zu den Grundkonstitutionen des Menschen gehört und in jahrhundertelanger Tradition unterschiedlich interpretiert, gestaltet und gelebt wurde.

Doch genau in dieser Gestaltung, in der Vermittlung des Glaubens und in der Frage der Orientierung ist die Kirche als Institution auch abhängig von den Vorstellungen und Wünschen der sie je aktuell finanzierenden Mitglieder. Verweigert sich die Kirche diesen Wünschen, so kann es sehr schnell passieren, dass die Mitglieder der Kirche mit den Füßen abstimmen, will sagen: austreten, der Kirche also ihre finanzielle Zuwendung entziehen.

Hier zeigt sich, dass funktional keine große Differenz mehr besteht zwischen Unternehmen der freien Wirtschaft und der Kirche: Beide sind in gewisser Form abhängig von den Abnehmern beziehungsweise den Mitgliedern: Wenn das Produkt eines Unternehmens über einen längeren Zeitraum nicht den Wünschen der Kunden entspricht, geht es pleite. Auch die Kir-

Kirche und Management – Feuer und Eis?

che kann sich dieser Gefahr nicht erwehren: Ist die Leistung, die die Kirche für Menschen erbringt, für ihre Mitglieder nicht mehr befriedigend, dann bleiben die Mitgliedsbeiträge aus. Funktional betrachtet – dies sei betont: funktional – gibt es also trotz der Unterschiedlichkeit Gemeinsamkeiten zwischen Unternehmen und Kirche.

Was verbindet Management und Kirche?

Es gibt Gräben zwischen den Kultursachbereichen, zwischen den Systemen Ökonomie und Theologie, zwischen Ökonomik und Ethik. Diese Gräben sind aber nicht absolut. Wie sieht es im Verhältnis zwischen Management und Kirche aus? Management hat es mit Handeln zu tun. Ursprünglich steht der Begriff to manage für Unternehmensführung. In seinen Ursprüngen hängt der Begriff eng mit dem Controlling-Begriff zusammen. Mittlerweile hat man sich von dieser engen Verbindung zwischen Management und Controlling gelöst.

Management ist ein weitläufiger Begriff geworden, der schon längst in die Alltagssprache vorgedrungen ist. Management wird mit vielen Prozessen des Alltags in einem Unternehmen wie auch außerhalb davon in Verbindung gebracht. Wirft man einen Blick auf unternehmensinterne Verwendungen des Begriffs, zeigt sich, was mit dem Begriff gemeint ist. Es gibt zum Beispiel:
- Finanzmanagement,
- Personalmanagement,
- Umweltmanagement,
- Qualitätsmanagement,
- Technikmanagement,
- Sicherheitsmanagement,
- Kapitalmanagement,
- Veranstaltungsmanagement.

Management lässt sich also gemeinläufig als Planung und Umgang, schließlich auch Durchführung und Verwaltung von Prozessen beschreiben. Für das Management eines Unternehmens

Ist die Leistung, die die Kirche für Menschen erbringt, für ihre Mitglieder nicht mehr befriedigend, dann bleiben Mitgliedsbeiträge aus

Dr. Claus Meier

der freien Wirtschaft gibt es viele Theorien, wie Prozesse optimal zu gestalten sind. Vom Taylorismus, der so genannten wissenschaftlichen Betriebsführung zu Beginn unseres Jahrhunderts, die letztlich den Menschen nur noch als ein funktionierendes Rädchen im Obersystem Betrieb sah – man denke an die Bilder von Charlie Chaplins Laufbandtätigkeit aus dem Film Modern Times – bis zum lean management –, also der Verschlankung der Hierarchiestrukturen, von prozessorientierten bis menschenzentrierten Managementkonzepten.

Gemeinsam ist diesen verschiedenen Ansätzen nur, dass sie es mit Aufbau- und Ablaufprozessen zu tun haben, immer bezogen auf ein bestimmtes Ziel hin: plan-do-control-act, planen-durchführen-überprüfen-handeln, auf diese Grundstruktur lässt sich letztlich jedes Managementkonzept reduzieren.

Die Unternehmen in der Wirtschaft favorisieren jeweils das Konzept, das am besten zu der Situation des Unternehmens passt. Denn die Durchführung solcher Managementkonzepte ist von vielen Faktoren abhängig: Etwa von der Unternehmenskultur, von der Tradition, von der Größe, von der Branche, von der wirtschaftlichen Situation und und und. Es ist eine Vielzahl von Faktoren, die für die Durchführung bestimmter Konzepte ausschlaggebend sind, nie ist es nur ein Faktor, und nie ist es nur ein Konzept, das passt.

Management-Konzepte unterliegen einem ständigen Wandel

Management-Konzepte unterliegen einem ständigen Wandel. Es gibt nicht die best practice, die für immer und ewig gültig ist – allenfalls gibt es eine best practice auf Zeit. Wirft man einen Blick auf die Konzeptionen allein der letzten zehn Jahre, so zeigt sich dieser Wandel im höchsten Ausmaß. Dieser Wandel hat damit zu tun, dass die Anforderungen ständig wechseln: Zum Beispiel allein durch die sich ständig verändernde Gesetzeslage, aber auch durch die jeweilige Situation, in der sich ein Unternehmen befindet.

Die Management-Konzepte unterliegen der geistigen Lage einer Zeit, etwa den Menschenbildern, die in einer jeweiligen Gesellschaft vorherrschen, und sie wandeln sich mit ihnen, ähnlich wie das die unterschiedlichen Strömungen in den Geisteswissenschaften – etwa in der Theologie oder Philosophie – auch tun.

Ethik inklusive

Gemeinsam ist diesen Managementkonzepten weiterhin, dass sie sich bemühen, Prozesse einfacher zu gestalten und effizienter zu machen. Effizient – zu deutsch: wirksam, erfolgreich auf ein Ziel hin – heißt aber nun nicht nur, dass alleine wirtschaftliche Aspekte im Vordergrund stehen, sondern es geht häufig auch um Fragen, ob sich die Mitarbeiter in einem Unternehmen wohl fühlen. In der gesamten Umweltdebatte geht es darum, Umweltmanagement so durchzuführen, dass es nach außen transparent ist und im Schadensfall schnell greift. Wer behauptet, Managementkonzepte hätten ausschließlich Profitmaximierung zum Ziel, der liegt schlichtweg falsch.

In der neuesten Debatte um Managementsysteme im Bereich Sicherheit oder Risiko (die klassischen Stichworte dafür sind: Sicherheitsmanagement, integriertes Management, Generic Management, Risk-Management) zeigen die Konzepte, dass ethische Prozesse, sei es die Beachtung der Sicherheit, die Wahrung von Umweltauflagen, die gerechte Behandlung des Personals etc. bereits in den Planungsprozess eines Unternehmens eingebunden werden müssen. Von Versicherungen großer Unternehmen wird zum Teil bereits explizit die Ausbildung der Führungskräfte in ethischen Fragen gefordert, damit sie verantwortlich auf eventuelle oder tatsächliche Krisensituationen reagieren können.

Ethische Prozesse werden in Planungen eingebunden

Neuerdings ist dies auch für die Finanzseite von Unternehmen gesetzlich gefordert: Nach den Bestimmungen des Gesetzes zur Kontrolle und Transparenz von Unternehmen (KonTraG) vom Mai 1998 muss ein Unternehmen auch im finanziellen Bereich Krisenpräventionsmaßnahmen, ein so genanntes Risk-Management festlegen und dieses von Seiten der Wirtschaftsprüfung kontrollieren lassen, um gefährliche oder zwei-

Dr. Claus Meier

Derzeit sind bei der bayerischen Landeskirche und ihrer Diakonie ca. 60 000 Menschen beschäftigt

felhafte Unternehmensaktivitäten transparent und damit besser kontrollierbar zu machen und wirtschaftlichen Zusammenbrüchen aufgrund von Fehlentwicklungen entgegenzuwirken. Prozesse, die verwaltet werden müssen, gibt es auch in der Kirche: Derzeit sind bei der bayerischen Landeskirche und ihrer Diakonie ca. 60 000 Menschen beschäftigt. Diese Menschen wollen pünktlich zum Monatsanfang Lohn und Gehalt haben. Dies zu bewerkstelligen, erfordert ein Höchstmaß an Verwaltungsaufwand. Die Gelder müssen rechtzeitig angewiesen werden, Lohnsteuerkarten müssen eingeholt werden, Versicherungen und Policen berücksichtigt werden etc.

Die Beschäftigten arbeiten in Institutionen welcher Art auch immer. Sei es die Erzieherin, sei es der ehrenamtliche Helfer beim Austragen des Gemeindeblatts, sei es der Leiter oder die Leiterin einer Sozialstation, sei es die Sekretärin oder der Sekretär, sei es der Pfarrer oder die Pfarrerin. Auch Institutionen, Gebäude, wie auch das Funktionieren der jeweiligen Institution müssen verwaltet werden – sie verursachen aber auch Kosten, deren Finanzierung gesichert werden muss. Oft haben sich diese Verwaltungsprozesse in jahrelanger Tradition entwickelt. Dies ändert aber nichts an der Tatsache, dass eine wie auch immer geartete Form der Verwaltung notwendig ist.

Die Kirche besitzt als Institution, als Körperschaft Öffentlichen Rechts, Immobilien. Häuser, in denen kirchliche Mitarbeiterinnen und Mitarbeiter wohnen, Kirchen, in denen die Menschen zum Gottesdienst zusammenkommen, Gemeindezentren und Sozialstationen, Kindergärten, Tagungszentren und Ausbildungsstätten etc. All dieses muss verwaltet werden, Instandhaltung, Renovierungen, An- und Verkäufe organisiert werden.

Kirche ist gefragt in politischen oder gesellschaftlichen Konfliktsituationen

Verwaltung reduzieren

Schließlich tritt die Kirche in der Öffentlichkeit auf. Sie ist gefragt in politischen oder gesellschaftlichen Fragen und/oder Konfliktsituationen – etwa bei der aktuellen Debatte um die Ladenöffnungszeiten beziehungsweise den Schutz des Sonntags,

Kirche und Management – Feuer und Eis?

bei Kriegen wie dem am Golf oder im Kosovo. Der Pfarrer oder die Pfarrerin als Repräsentant beziehungsweise Repräsentantin der Kirche ist vor Ort gefragt, wenn es zum Beispiel um die Segnung des Feuerwehrhauses, der Klinik oder auch der Wetterstation geht, wenn christlicher Beistand durch Kasualien und Segenshandlungen erbeten wird.

Es geht in der Kirche um viel Geld, das verwaltet werden muss. Der Haushalt der bayerischen Landeskirche belief sich im Jahre 1998 auf ca. 1,2 Milliarden Mark – klassische Verwaltungsaufgaben, Aufgaben, die man genauso gut als Management-Anforderungen bezeichnen kann, ohne dass dabei die Kirche gleich ökonomisiert wird.

Die Management-Aufgaben der Kirche kann man kritisch durchleuchten: Wo etwa gibt es Prozesse, die so schwerfällig laufen, dass diese Verzögerung mehr Geld kosten als notwendig? Wenn es nach sorgfältiger Analyse dieser Prozesse Verbesserungsmöglichkeiten gibt, die dieses unnötig aufgewendete Geld einsparen, so ist dies nur sinnvoll. Das Geld kann dann dazu verwendet werden, um unsere Schulden zurückzubezahlen oder einen Beitrag zur Haushaltkonsolidierung zu leisten.

Verwaltungsaufwände zu reduzieren kann kein Fehler sein. Es kann auch kein Fehler sein, vorhandene Strukturschwächen einer Institution zu bessern, wenn dadurch Geld eingespart werden kann, wenn dadurch mehr Zeit gewonnen wird, wenn dadurch Energien freigesetzt werden, die für andere Zwecke sinnvoller angewendet werden können. Um es auf den Punkt zu bringen: Jede Mark, die die Kirche bei – dies sei betont – reduzierbaren Verwaltungsaufwänden weniger ausgibt, ist sinnvoll.

Verwaltungsaufwände zu reduzieren kann kein Fehler sein

Nun gibt es aber auch noch ganz andere Formen des Managements in der Kirche: Ein Pfarrer oder eine Pfarrerin verbringt im Durchschnitt zwischen 40 und 50 Prozent der Arbeitszeit mit Organisationsarbeiten. Der Pfarrer oder die Pfarrerin ist im gewissen Sinne Manager oder Managerin der Gemeinde. Da gibt es viel zu tun, was von den Hauptaufgaben, der Verkündi-

Dr. Claus Meier

gung und der Seelsorge ablenkt, Zeit in Anspruch nimmt, die man etwa zur Ausformulierung einer Predigt dringend benötigt hätte, oder die in einem seelsorgerlichen Gespräch nützlicher verwendet werden könnte.

Geistliche Führungskräfte

Es erscheint nur sinnvoll, wenn in der Kirche Management-Konzepte entwickelt werden – auch mit der Unterstützung von außen –, die Pfarrer oder Pfarrerin von Verwaltungsaufgaben entlasten, sie zumindest aber so gestalten, dass sie nicht mehr so viel Zeit in Anspruch nehmen. Wichtig ist, dass auch die Pfarrer und Pfarrerinnen bereit sind, sich selbst effizient und effektiv zu organisieren, und damit intensiver prioritätsbezogen ihre Tätigkeit strukturieren. Jedes Gemeindemitglied kann davon nur profitieren, die Gemeinden können bei gelingender Organisation der Kirchen wie ihrer haupt- und ehrenamtlichen Tätigen mehr Evangelium hören.

Sich selbst effizient und effektiv organisieren

In beiden alltäglichen Handlungsfeldern, in Management und Kirche also, gibt es viele Handlungsparallelen: Es gilt zu kommunizieren, Entscheidungen zu treffen, Entscheidungen anderer zu respektieren und auszuführen, es gilt, mit Mitarbeitenden, Kollegen und Vorgesetzten richtig umzugehen. Pfarrer und Pfarrerinnen sind – in der Sprache der Unternehmen gesprochen – Führungskräfte in ihrer Gemeinde. Das muss erlernt werden, da man das Führen von Menschen, also den Umgang innerhalb einer hierarchischen Struktur nicht mit der Muttermilch aufsaugt.

Pfarrer und Pfarrerinnen sind Führungskräfte in ihrer Gemeinde

Gerade aus diesem Defizit an Führungsqualitäten – für die kein Mensch etwas kann – entstehen möglicherweise Konflikte in Gemeinden, zwischen den Pfarrerinnen und Pfarrern, zwischen Pfarrer und Kirchenvorstand etc. Hier erscheint es sinnvoll, wenn kirchliche Mitarbeiterinnen und Mitarbeiter in Führungsqualitäten geschult werden, wie das in jedem Unternehmen üblich ist. Es wäre zum Beispiel anmaßend zu behaupten, Theologiestudierende, die später einmal ein Pfarramt

Kirche und Management – Feuer und Eis?

übernehmen, hätten – unabhängig von ihrer biografischen Situation – a priori alle Fähigkeiten, die zur Verwaltung einer Gemeinde notwendig sind.

Management und Kirche – Worum geht es?

Evangelium und Effizienz

Bei den Anregungen und Verbesserungsvorschlägen für die Kirche, die nicht nur aus der Wirtschaft kommen, sondern auch von verantwortungsvollen Gemeindemitgliedern, die mit dem Sachbereich Wirtschaft wenig zu tun haben, geht es nicht darum, das Evangelium nach Effizienzkriterien zu vermitteln. Es bedarf keiner Grundsatzerklärungen, um sich darüber einig zu sein, dass die Vermittlung des Evangeliums, die Seelsorge, die Sozialleistungen der Kirchen und der in ihr Beschäftigten nicht nach ökonomischen Kriterien beurteilt werden sollten. Es ist ein deutlicher Unterschied zu ziehen zwischen einer theologischen oder religiösen Erneuerung der Kirche und Reformvorschlägen, die die Struktur und Verwaltung der Kirchen betreffen. Das eine zielt auf den Sachbereich in seinem innersten Kern ab, das andere auf einen wirkungsvollen Einsatz der Instrumente, zum Beispiel einer inhaltlich zielorientierten Personalplanung.

Das Evangelium kann nicht nach Effizienzkriterien vermittelt werden

Es mag in der kirchlichen Struktur-Reform-Debatte einige Formulierungen geben, die sich aus der Sprache des Kultursachbereichs Wirtschaft herleiten und Protest auslösen. Das aber ist nur ein Nebenkriegsschauplatz, der durch beidseitigen guten Willen in der Feststellung eines gemeinsamen Zieles befriedet werden kann.

Es geht nicht um eine Ökonomisierung der Kirchen. Es geht darum, dass die Kirche sich wirkungsvoller Instrumente bedient, um ihre eigentlichen Aufgaben, die sich aus ihrem System ergeben, zu erfüllen. Natürlich ist das Evangelium nicht etwas, das die Kirche besitzt und anbieten kann. Es geht darum, wie theologisch ausgebildeten Pfarrern und Pfarrerinnen, Diakonen

Dr. Claus Meier

und ehrenamtlich Tätigen mehr Raum gegeben werden kann, das Evangelium und den Glauben zu vermitteln. Es geht auch darum, wie Gelder sinnvoller verwaltet werden können, um sie nicht in vermeidbaren bürokratischen Prozessen aufzubrauchen oder an den falschen Stellen einzusetzen.

In einem vielstimmig gewordenen Chor der Heilszusagen die christliche Botschaft laut vernehmbar machen

Es geht nicht darum, eine gesicherte Marktposition zu erreichen. Aber es geht darum, in einem mittlerweile sehr vielstimmig gewordenen Chor der Heilszusagen in einer pluralen Welt die christliche Botschaft laut vernehmbar zu machen. Sich dabei auf Tradition und Geschichte zu verlassen, käme einer Kapitulation vor der modernen Entwicklung gleich, einer Entwicklung, zu dem das Christentum in vielfältiger Form beigetragen hat, und die nicht immer nur schlecht ist.

Es ist gut, an das Ideal einer aus dem Evangelium lebenden Kirche zu appellieren. Das muss im geistigen und geistlichen Sinne ganz sicher das Ziel sein. Aber es wäre fatal, diesen geistigen Anspruch auch auf die Instrumente zu übertragen. Kirche hat es als Institution mit einer Vielzahl von Verwaltungsaufgaben im jeglichen Sinne zu tun, die – im besten Sinne – nach Effizienzkriterien erledigt werden müssen. Effizienz hat hier nichts mit ökonomischem Denken zu tun, sondern damit, wie die eingesetzten Ressourcen möglichst sinnvoll verwendet werden können. Kirche lebt von ihren Gemeinden und deren Aktivität, aber diese Gemeinden wollen auch organisiert, verwaltet werden. Gemeinden sind keine spontane Ad-hoc-Zusammenkünfte, sondern benötigen zu ihrem aktiven Leben schlichtweg Gestaltungsvorgänge. Die Instrumente dazu werden keineswegs von innen gegeben, sondern müssen erlernt werden.

Wann hat es je eine Kirche gegeben, die nicht in ihrer Zeit verwurzelt war?

Keine Angst vor niemand

Die Angst einiger Kirchenmitglieder, Kirche würde mit der Übernahme moderner Managementmethoden den herrschenden Denkgewohnheiten ihrer Zeit verfallen, scheint mir unnötig: Wann hat es je eine Kirche gegeben, die nicht in ihrer Zeit verwurzelt war? Die Vorstellung, die in der Kirche arbeitenden

Kirche und Management – Feuer und Eis?

Menschen wären nicht Kinder ihrer Zeit – und damit auch Kinder der je aktuellen Denkmuster –, geht an der empirischen Wahrnehmung und der Kirchengeschichte schlichtweg vorbei. Die Inhalte, auf die sich die Kirche beruft, sind zwar 2000 Jahre alt, die Menschen aber, die die Kirche gestalten und lebendig machen, nicht. Diese Menschen interpretieren die Inhalte ganz nach ihrer Zeit, anders ist es auch gar nicht möglich. An dieser Entwicklung kommt auch die Kirche nicht vorbei. Man müsse dem Volk aufs Maul schauen, hat Luther gesagt, nicht dem Volk zu Zeiten Jesu Christi, sondern dem Volk, das die Kirche und ihre Tätigkeit in der je aktuellen Zeit wahr- und in Anspruch nimmt. Zur Erreichung der Ziele wurden zu Zeiten Luthers und sollten auch heute – notwendigerweise – entsprechend zeitgerechte Instrumente eingesetzt werden.

Kirche darf sich dabei in der Tat nicht von finanziellen Sachzwängen völlig beherrschen lassen. Doch es wäre blauäugig zu glauben, die Kirche könnte sich an den finanziellen Anforderungen vorbeimogeln. Um diese Anforderungen zu bewältigen, benötigt auch die Kirche die Instrumente eines effizienten Managements, denn hier entstehen schlichtweg Management-Fragen, die mit der Berufung aufs Evangelium alleine nicht zu lösen sind.

Kirche und Management – sie sind nicht wie Feuer und Eis. Sie sind wie Hund und Katze, die sich aneinander gewöhnen können, wenn sie miteinander aufwachsen. Verständigung und Verständnis scheinen notwendig. Falsch ist, um mit Luther zu schließen, das Kind mit dem Bade auszuschütten, auf der einen wie auf der anderen Seite.

Dr. Claus Meier

Kirche und Management – wie Hund und Katze, die sich aneinander gewöhnen können

Dr. Martin Hoffmann

Quo vadis ecclesia?

"Kirche und Management – Feuer und Eis?" fragt Dr. Meier in seinem Artikel. Es ist ihm zu danken, dass er die bisherige Auseinandersetzung auf eine grundsätzliche konzeptionelle Ebene hebt. Auf ihr muss die dringend notwendige Diskussion umso intensiver geführt werden, soll der Weg der Kirche in die Zukunft nicht allein von scheinbar pragmatischen Handlungszwängen bestimmt werden. Meiers Versöhnungsversuch zwischen Management und Kirche soll daher im Folgenden den Ausgangspunkt für eigene Überlegungen zur Erneuerung der Kirche bilden.

Welcher Geist, welche Logik?

Schon der Apostel Paulus empfahl „Prüfet aber alles, und das Gute behaltet" (1 Thess 5,21). Zu Recht wird immer wieder darauf hingewiesen, dass Theologie und Kirche jahrzehntelang von den Humanwissenschaften gelernt haben, in der Seelsorge etwa von der Psychologie oder im Gemeindeaufbau von der Soziologie, von der Pädagogik ganz zu schweigen. Warum nicht jetzt auch von den Wirtschaftswissenschaften? Wer hätte Einwände dagegen, dass Pfarrer und Pfarrerinnen ihre Leitungsaufgabe in den verschiedensten Bereichen der Gemeindearbeit, sei es ihr Selbst- und Zeitmanagement, die Begleitung und Führung von haupt- und ehrenamtlichen Mitarbeitern, die Konfliktbearbeitung, das Leiten und Moderieren von Gremien und Sitzungen oder die Personal- und Gemeindeentwicklung, möglichst gekonnt wahrnehmen?

Ökonomisierung der Kirche – eine reine Methodenfrage?

Die entscheidende Frage aber bleibt, ob die Diskussion um eine befürchtete Ökonomisierung der Kirche auf eine reine Methodenfrage reduziert werden darf. Es geht um mehr. Es geht dar-

Quo vadis ecclesia?

um, welcher Geist, welche Logik, welche Zielsetzungen, welche ausgesprochenen oder unausgesprochenen Interessen sich mit der Orientierung an unternehmerischem Handeln verbinden und ob diese mit dem Wesen kirchlichen Handelns vereinbar sind. Der Versöhnungsversuch in dieser Grundsatzfrage beruht letztlich darauf, diese Grundsatzfrage zu umgehen und Management als wertneutrales Handlungsinstrument für eigene Sachbereiche wie Verwaltung und Strukturfragen zu deklarieren. Das aber erweist sich bei genauerem Hinsehen als eine Verkürzung der zur Debatte stehenden Fragen, und zwar auf allen Seiten: auf der Seite der Kirchenerneuerungsprogramme, auf der Seite des Managementverständnisses, auf der Seite theologischer Reflexion und auf der Seite des jeweils zu Grunde liegenden Kirchenbildes.

Unterschätzte Kirchenerneuerungsprogramme

Keineswegs geht es in ihnen „nur" um Struktur- und Verwaltungsreformen und professionellere Personalführung – auch dies Dinge von erheblicher theologischer Relevanz –, sondern um eine zeitgemäße Antwort auf die Krise der Kirche in der heutigen gesellschaftlichen Situation. Wie könnte sonst im München-Programm der Einleitungssatz lauten: „Die Evangelisch-Lutherische Kirche in München will für das Leben und den Glauben von Menschen in der großstädtischen Gesellschaft attraktiver und bedeutsamer werden"?[26] Der Anspruch erstreckt sich auf Leben und Glauben. Er sieht sich völlig zu Recht herausgefordert durch gesellschaftliche Veränderungen: „Sich heute schon abzeichnende gesellschaftliche Trends wirken in vielfältiger Weise zusammen und stellen bisherige gesellschaftliche Überzeugungen und individuelle Lebensentwürfe in Frage.

Die sich abzeichnenden Veränderungen führen, vor dem Hinter-

Zeitgemäße Antwort auf die Krise der Kirche

---

26 Das Evangelische München-Programm, hg. v. Evang.-Luth. Dekanat München, 1996

Dr. Martin Hoffmann

grund einer pluralistischen Gesellschaft, zu einer zunehmenden Orientierungs- und Sinnkrise auch bei den Mitgliedern der Kirche ... Sie erwarten dabei von ihrer Kirche Offenheit und Sensibilität für ihre Fragen und darauf bezogene Antworten." Das München-Programm unternimmt also eine Antwort auf die Pluralisierung der Gesellschaft und zielt auf eine Erneuerung der Kirche. Es will diese leisten durch Straffung der Strukturen, gezieltere Mitarbeiterentwicklung und Orientierung der Angebote an den Bedürfnissen der Mitglieder. Die Marktsituation und der Wettbewerb, auch in religiösen Dingen, sind die Bedingungen der Postmoderne, die es anzunehmen und auf die es zu reagieren gilt, wenn die Kirche ihre Position am Markt behaupten will. „Die Evangelisch-Lutherische Kirche Münchens steht somit vor der Aufgabe, den Mitgliedern Orientierung zu geben und dadurch deren Verbundenheit wieder zu stärken." Dies soll geschehen durch das dreifache Ja zum Glaubensthema als Kernkompetenz der Kirche, zur Kirche als Institution und zu professionellen Methoden.

Jede Harmonisierung verfälscht die Diskussion

Dieser Anspruch eines Erneuerungsprogramms muss ernst genommen werden, auch wenn – nebenbei bemerkt – die Überhöhung dieser Zielsetzungen als „Vision" biblisch-theologisch schlicht unhaltbar ist. Jede Harmonisierung, die diesen Anspruch verkürzt, verfälscht die Diskussion.

Eine Vision vom Reich Gottes

Anspruch und Zielsetzungen aber erweisen dieses Erneuerungsprogramm als konservatives, ja reaktionäres Programm mit modernen Methoden. Reaktionär ist es, weil es die Infragestellung der Monopolstellung der Großkirchen in einer pluralistischen Gesellschaft nur als Anstoß aufnimmt, deren Position und Stabilität nachzubessern. Die Infragestellung als solche wird inhaltlich weder aufgenommen noch beantwortet. Vor allem aber: Die Infragestellung wird mit keinem Wort als theologische Herausforderung und Anfrage zugelassen. Das aber stünde einer Kirche gut an, wenn sie sich wirklich auf ihr Proprium konzentrieren will. Dann müsste etwa ein „dialektisches Sehen" wieder eingeübt werden, wie es von den biblischen Zeugen von Jona über Simeon bis zu Jesus selbst zu lernen ist.[27] Sie sehen die Wirklichkeit nicht nur in ihrer Realität, in ihrem faktischen Gewordensein, sondern im Licht der Verheißung. Die Dinge im Licht „ihrer unendlichen Möglichkeiten, nein, nicht ihrer Möglichkeiten, sondern der unendlichen Möglichkeiten Gottes" zu sehen, heißt mehr, schärfer und – im Sinn der Verheißung – wahrer zu sehen. Kann denn die Krise der Großkirchen in Europa nur als Bedrohung gesehen werden und darum Anlass für Reparaturmaßnahmen sein, orientiert an der Gestalt der real existierenden Volkskirche, oder kann, ja muss diese Krise nicht auch gelesen werden als Aufruf Gottes zum Umdenken oder – krass formuliert: als Gericht Gottes. Hans Joachim Iwand hat in prophetischen Worten schon 1952 im gleichen Sinn festgestellt, „dass wir die echten Probleme unserer kirchlichen und christlichen Existenz heute weder fühlen noch erkennen. Sie werden aus der im Gang befindlichen Gesellschaftsreform kommen – was wir auch sagen und uns vormachen mögen, um dieses auf uns zu kommende Gericht nicht zu sehen!"[28]

Krise als Aufruf Gottes zum Umdenken

Unter dieser Perspektive, wenn man sie nur einmal zuließe, ergäben sich jedenfalls völlig andere Diskussionspunkte und Zielsetzungen als die nackte Bestandswahrung. Es würde sofort die Frage auftauchen, was denn der Auftrag und die Aufgaben der Kirche in der pluralistischen Situation einer postmodernen Gesellschaft sind. Dann müsste von Situation und Jesu Botschaft her argumentiert werden. Dann würde sofort eine echte Vision ins Spiel kommen, die Vision vom Reich Gottes, von der sich durchsetzenden Gerechtigkeit Gottes, an der menschli-

Eine Vision vom Reich Gottes

---

27 Vgl. dazu z. B. Ernst Lange: Dialektisch sehen (Lukas 2,25–32), in: Ernst-Lange-Lesebuch: von der Utopie einer verbesserlichen Welt, hg. v. G. F. Pfäfflin/H. Ruppel, Berlin 1999, S. 126–137
28 Hans Joachim Iwand, Kirche und Gesellschaft, in: Nachgel. Werke Neue Folge, Bd. 1: Kirche und Gesellschaft, Gütersloh 1998, S. 268

Dr. Martin Hoffmann

ches Handeln seine Orientierung gewinnen kann. Wofür steht die Kirche, von dieser Vision geleitet, inhaltlich in unserer Zeit mit ihren gesellschaftlichen Bedingungen?
Diese Fragen zu stellen heißt nicht, sie vorschnell mit der Freiwilligkeitskirche zu beantworten, wie gerne geargwöhnt wird. Diese Fragen aber nicht zu stellen, wie es in unserer Kirche weithin üblich ist, heißt, der Ideologie des Machbaren und Effizienten zu verfallen. Der geistige Quellgrund dafür aber ist autoritäres Denken, wie es sich nur allzu häufig bei Führungseliten – insbesondere auch in der Wirtschaft – findet. Darum muss in diesem Zusammenhang eben doch von der Gefahr einer Ökonomisierung der Kirche gesprochen werden.

Der Ideologie des Machbaren und Effizienten verfallen

Die Begriffsdefinition von „Management" greift zu kurz

Die gelegentliche Begrenzung auf einen rein funktionalen Management-Begriff dient offensichtlich dem Zweck, den Einsatz eines neutralen Werkzeugs für kirchliches Handeln wenigstens in Finanz-, Struktur- und Verwaltungsfragen zu ermöglichen. Dies erinnert stark an die technokratische Version des Managementbegriffs, wie sie Taylor in den 20er Jahren entwickelt hat, und verbindet sich auffällig mit dem dem München-Programm innenwohnenden „Top-Down"-Ansatz. Nach ihm sollen Krisenbewältigung, Restrukturierung oder Sanierung vor allem durch zentrale Steuerung erfolgen.
Die projektierte Installation diverser Stabsstellen, Steuerungsgruppen und besonders die eines leitenden Gemeindeteams neben dem Kirchenvorstand sowie die Unterscheidung von „operativer" und „strategischer" Arbeit sowie die Rede von der Aufstellung, Festlegung und Kontrolle von Entwicklungszielen von Mitarbeitern wie von Gemeindegruppen sprechen nicht die Sprache einer paulinischen Charismenliste, sondern die Sprache einer von oben nach unten durchstrukturierten Unternehmenshierarchie alten Schlags. Gerade in den Wirtschaftswissenschaften aber gilt heute die Krise einer Organisation stets auch als Folge verfehlter Anpassung an die eigene Umwelt, sie

Die Krise einer Organisation ist Folge verfehlter Anpassung

Quo vadis ecclesia?

ist Ausdruck gestörter „Bottom-Up"-Prozesse, die im Unternehmen vom potentiellen Kunden über den Verkäufer in die Zentrale, in der Kirche vom potentiellen Gemeindeglied über den Pfarrer ins Landeskirchenamt verlaufen.

Die bloße Angebotsorientierung an Wünschen von Gemeindegliedern, die zu Bedürfnissen erhoben werden, garantieren noch keinen Rückkopplungsprozess zwischen Gesellschaft und Kirche, sondern lassen die Kirche vielmehr zur unkritischen Serviceanstalt degenerieren. Genau dies aber ist eine Erkenntnis, die bereits Anfang der 30er Jahre von der „Human Relations-Schule" Charles Taylor vorgehalten wurde: Management muss mit den Menschen und ihren Erwartungen, aber eben auch mit ihren Rollenmustern und Sozialbezügen arbeiten, will es Erfolg haben. Die daraus abgeleitete wirtschaftssoziologische Schule hat Management ausdrücklich nicht nur als Technik zur Behandlung von Menschen über Prozesse, sondern als Leitfaden samt sozialtechnischer Möglichkeiten zur gemeinsamen Gestaltung von Inhalten, Visionen und Botschaften mit anderen Menschen qualifiziert. Wer sich danach nicht richtet, setzt sich zwangsläufig dem Verdacht aus, es gehe ihm eher um die Stabilisierung innerorganisatorischer Machtstrukturen denn um Lernen aus der Krise. In jedem Fall stellt bereits der interne Diskurs um den Management-Begriff mehr Warnzeichen auf als beim schnellen Zugriff der „Kirchenerneuerer" wahrgenommen wird – und das noch vor jeder biblisch-theologischen Prüfung.

Management muss mit den Menschen und ihren Erwartungen arbeiten, will es Erfolg

Eine fragwürdige theologische Basis

Es ist zu bezweifeln, ob ökonomische Logik sich heute noch in einer schlichten Zweck-Mittel-Relation erschöpft. Beeinflussen etwa die Kriterien der Gerechtigkeit und des Zwecks den wirtschaftlichen Diskurs nicht ganz erheblich?

Der „Nutzen des anderen" als oberstes Handlungskriterium[29]

---

29 Weder der Regelutilitarismus noch der Handlungsutilitarismus kennen

Dr. Martin Hoffmann

Jesus, der reiche Jüngling und die Tempelreinigung

hält selbst der einfachsten biblischen Betrachtung nicht stand: Wäre der reiche Jüngling je betrübt weggegangen, wenn sich Jesus an seinem größtmöglichen Nutzen und nicht an der Wahrheit orientiert hätte? Hätte Jesus seinem Zorn bei der Tempelreinigung freien Lauf lassen können, wenn er den „größtmöglichen Nutzen" der Wechsler und Händler im Blick gehabt hätte? Wie hätte Jesus unter diesem Kriterium seinen Jüngern in der Aussendungsrede je raten können, Haus und Stadt zu verlassen, wenn ihr Friedensgruß dort nicht aufgenommen wird (Mt 10,12–15)?

Ein solcher Handlungsimperativ führt zu einer Verkürzung der Ethik auf eine normativ gestaltete zwischenmenschliche Beziehung, der gerade das typisch biblische Moment eines sie transzendierenden Wahrnehmungs-, Beziehungs- und Bewertungsrahmens fehlt. Dieser aber wäre entscheidend, wenn die Charakteristika der „Kultursachbereiche" Wirtschaft und Kirche beschrieben und in Beziehung zueinander gesetzt werden sollen. Eine Übernahme von Methoden ohne Prüfung an diesem Bezugsrahmen läuft Gefahr, eigene Rationalitäten und verborgene Ziele zu transportieren. Theologisch gesprochen: Nur durch das Aufgeben der eschatologischen Dimension von Kirche und ihrem Handeln kann sie in eine parallele Position zur Wirtschaft als profan zu ordnendem und zu managendem Bereich gesetzt werden.

Leitung hat Zeugnischarakter

Die Enteschatologisierung christlicher Ethik und kirchlichen Handelns führt zwangsläufig zu einer Restitution der Zwei-Reiche-Lehre in diastatischem, also strikt trennendem, nicht bloß unterscheidenden Sinn. Während die Reformatoren die Kirche eindeutig Gottes Regiment „zur Rechten" zuordneten, wird

> den „Nutzen des anderen" auf Kosten des eigenen Aufwands als Handlungskriterium. Utilitaristischer Grundsatz ist vielmehr: „Diejenige unter mehreren möglichen Handlungen ist die sittlich beste, aus der das größte Glück der größten Zahl resultiert."

Quo vadis ecclesia?

hier die Trennung zwischen geistlich bestimmtem und weltlich zu regelndem Bereich unweigerlich quer durch die Kirche gezogen – eine späte Folge der längst überwunden geglaubten Auffassung des Kirchenrechts von Richard Sohm. Ihm zufolge sind Geist und Recht unvereinbar und daher die „Geistkirche" strikt von der „Rechtskirche" zu unterscheiden. Letztere muss weltlich geregelt werden; denn die Gestalt der Kirche sei eine rein weltlich-juristische Angelegenheit. Die „Geistkirche" wird damit letztlich aus der Welt herausgenommen.[30]

In der lutherischen Theologie fand diese These bereitwillige Aufnahme in der Behauptung, Gestalt und Bekenntnis der Kirche seien voneinander unabhängig, „sichtbare" und „unsichtbare" Kirche ließen sich voneinander trennen und die sogenannte „äußere" Ordnung der Kirche sei für ihr geistliches Leben gleichgültig. Es ist bekannt, welche verheerenden Folgen diese Auffassung für die Kirche hatte: Mit eben diesem Begründungsmuster hat man seinerzeit die Einführung des Arierparagraphen in der Kirche zugelassen.[31] Sind die unter Leiden und Gefahren errungenen Bekenntnissätze aus Barmen, die auch die Bayerische Landeskirche unterschrieben hat, bereits wieder in Vergessenheit geraten? Das wäre fatal.

Sind die Bekenntnissätze aus Barmen bereits wieder in Vergessenheit geraten?

„Die christliche Kirche ... hat mit ihrem Glauben wie mit ihrem Gehorsam, mit ihrer Botschaft wie mit ihrer Ordnung mitten in der Welt der Sünde als die Kirche der begnadigten Sünder zu

---

30 Vgl. die Erläuterungen Ernst Wolfs zu Barmen III, in: Ders., Barmen. Kirche zwischen Versuchung und Gnade, München, 3. Aufl. 1984, S. 124–131

31 Vgl. die 2. Schlussfolgerung, die das „Gutachten der Theologischen Fakultät der Universität Erlangen über die Zulassung von Christen jüdischer Abstammung zu den Ämtern der Deutschen evangelischen Kirche" vom 25.9.1933 formuliert: „Die äußere Ordnung der christlichen Kirche hat nach reformatorischer Lehre im Unterschied von der römisch-katholischen nicht nur der Universalität des Evangeliums, sondern auch der historisch-völkischen Gliederung der christlichen Menschen zu entsprechen." Zit. nach: Die Kirchen im Dritten Reich. Bd. 2: Dokumente, hg. v. G. Denzler/V. Fabricius, Frankfurt 1984, S. 84 f.

Dr. Martin Hoffmann

bezeugen, dass sie allein sein Eigentum ist, allein von seinem Trost und von seiner Weisung in Erwartung seiner Erscheinung lebt und leben möchte" (Barmen III). Ausdrücklich wird hier nicht nur die geistliche Seite der Kirche dem Herrn der Kirche unterstellt, sondern eben auch die Ordnungsfragen, also auch Verwaltung, Finanzen und Organisationsentwicklung. Ungetrennt werden auch sie in einen eschatologischen Bezug gestellt. Sie erhalten damit ebenfalls Zeugnischarakter. Wie sich eine Gemeinde oder Kirche leitet – nicht geleitet wird – oder wie sie ihre Finanzen verwaltet und einsetzt, hat theologische Qualität.[32]

Wie sich eine Gemeinde oder Kirche leitet, hat theologische Qualität

Die Volkskirche genießt oberste Priorität

Manche sehen die Kirche ebenso abhängig von ihren Mitgliedern, ihren Vorstellungen und Wünschen, wie Unternehmen von den Wünschen der Kunden. Beide seien auf eine Akzeptanz ihres „Produkts", des Glaubens, „angewiesen." Das ist ein Zerrbild von Kirche und ihrem Auftrag: eine Kirche als Vermittlungsinstanz zwischen Lehre und den Wünschen, ja noch mehr: der religiösen Grundkonstitution ihrer Mitglieder. Hier verbinden sich ein neuprotestantischer Ansatz beim religiösen Apriori des Menschen mit einem vorkonziliaren katholischen Kirchenbegriff: die Kirche als Heilsanstalt. Der aktualistische Kirchenbegriff der Reformatoren, der Kirche als Ereignis verstand, jeweils geboren aus dem Geschehen des Wortes Gottes in die konkrete Situation hinein, ist hier aufgegeben. Solche Leugnung ist die Voraussetzung für die bis zur Trennung gestei-

---

32 Daran erinnert sogar das Geleitwort zum neu erschienenen „Handbuch Führungspraxis Kirche" von F. u. P. Höher, Gütersloh 1999, S. 11, zum Stichwort „Führung" unter Hinweis auf Barmen IV: „‚Führung' in der Kirche geschieht ‚demokratisch' oder, kirchlich gesprochen ‚laizistisch', ausgehend vom ganzen Volk Gottes, hinführend zum Volk Gottes, getragen vom Volk Gottes. ... Das heißt nicht, dass es keine ‚Führung', kein Management und Leadership in der Kirche geben dürfe und könne. Es muss sie geben. Entscheidend ist nur: in welchem Sinne, in wessen Geist und in welcher Verantwortung."

Quo vadis ecclesia?

gerte betonte Unterscheidung von Botschaft und Gestalt der Kirche. Sie, die Kirche, „hat" dann die Lehre, und sie, die Kirche, „gibt" sich jeweils ihre Gestalt. Der Zusammenhang des reformatorischen Kirchenbegriffs mit der Rechtfertigungslehre wird hier preisgegeben.[33]

Kontrollfragen

Welche Rolle wird wohl das Evangelium in Leben und Handeln der Kirche spielen, wenn es als abstrakte, auf keine Situation bezogene bloße Formel gehandhabt wird: „Gott hat dem Menschen die Sünden vergeben und das Heil zugesagt. Der Mensch ist dadurch frei, um sich dem oder der Nächsten zuzuwenden, um den Nächsten, die Nächste zu lieben wie sich selbst" (Meier) oder noch knapper und abstrakter im München-Programm: „Die Botschaft des Evangeliums von der Liebe Gottes zu den Menschen." Wie kann eine solch unkonkrete Formel ein Gegengewicht sein gegenüber den Wünschen und Bedürfnissen der Mitglieder? Oder braucht es ein solches Gegengewicht nicht mehr, weil wir alle schon erlöst sind oder die religiöse Grundkonstitution keine Nachfrage verträgt, geschweige denn den biblischen Ruf zur Umkehr?

So muss man weiter folgern: Wenn es also nicht mehr in erster Linie um die Konkretion des Evangeliums angesichts der aktuellen Situation geht, dann geht es um die Bestandssicherung der Kirche als Institution angesichts der Krisenerscheinungen, der Finanznöte und der sich abwendenden Mitglieder.

Geht es um die Bestandssicherung der Kirche?

Was würde geschehen, wenn man in der Argumentationslinie: Glaube als Gegenstand (Produkt) der Kirche - Kirche als Vermittlungsinstanz - Mitglieder als Adressaten und Zielgruppe kirchlichen Handelns den Gegenstand „Glauben" durch Gott ersetzt? Ließe sich dann so ungebrochen formulieren: „Gott ist der Gegenstand, um den es in der Kirche geht. Das Bedürfnis nach Gott gehört empirisch zu den Grundkonstitutionen des

---

33 Ernst Wolf, Barmen, S. 129

Dr. Martin Hoffmann

Ein Schwindel erregender Kirchenbegriff

Menschen. In der Vermittlung Gottes ist die Kirche als Institution auch abhängig von den Vorstellungen und Wünschen der sie je aktuell finanzierenden Mitglieder"? Ein fast Schwindel erregender Kirchenbegriff! Die anthropologische Verengung auf den Glaubensbegriff eliminiert die theologisch-pneumatologische Dimension, die der 3. Glaubensartikel wohlweislich festhält.

Auch hier kann man nur folgern: Das Interesse an der Institution bestimmt die Inhalte. Statt mit Gott aktuell zu rechnen, d. h. mit dem Ereignis seines hinterfragenden, befreienden, aufbrechenden und heilenden Wortes, das auch die Gestalt der Kirche betrifft, findet der Rückzug auf die Befriedigung religiöser Bedürfnisse statt, weil sie die Stabilisierung der traditionellen Kirchenform zu versprechen scheinen.

Erneuerung aus der Substanz

So führt ein defizitärer Kirchenbegriff zur Fixierung auf das geschichtlich Gewordene und verbindet sich gleichzeitig mit der Logik des Machbaren durch die Orientierung an unternehmerischem Handeln und einer Managementmethodik, die überkommene Machtstrukturen stabilisiert und neue Machtstrukturen von oben her installiert. Statt einer echten Erneuerung der Kirche angesichts des negativen Votums zahlloser Mitglieder und der Herausforderungen einer postmodernen Gesellschaft betreiben die Erneuerungsprogramme lediglich eine schlecht getarnte Restitutionspolitik.

Eine echte Erneuerung der Kirche, die dringend nötig wäre, kann aber wie eh und je nur aus der Substanz der Kirche heraus geschehen, wie Karl Barth schon 1934 einklagte. Die Substanz der Kirche aber „ist die ihr gegebene Verheißung und der Glaube an diese Verheißung". Das bedeutet eine geistliche Erneuerung, die es im Vertrauen auf Gottes Handeln, auf die Möglichkeiten, die sein Geist der Kirche eröffnet, wagt, auch die eigene Verfassung, die eigenen Strukturen, die eigene Ordnung auf den Prüfstand zu stellen und neue, geeignete, dem

Quo vadis ecclesia?

Auftrag der Kirche und den zeitlichen Erfordernissen gerechte Formen zu suchen.

Dabei hilft ein verzweifeltes Festhalten an Form und Begriff der Volkskirche nicht weiter. Verheißungsvoller ist der Weg, die gesellschaftlichen Herausforderungen der Zeit mit einem Kirchenbegriff ins Gespräch zu bringen, der vom Grundgeschehen von Kirche aus erschlossen wird. Diese Perspektive soll im Folgenden für die weitere Diskussion um die Erneuerung der Kirche wenigstens skizziert werden.

Ein verzweifeltes Festhalten an Form und Begriff der Volkskirche hilft nicht weiter

Die Kirche vor den Herausforderungen der Postmoderne

Die Rede von der Krise der Kirchen ist zweideutig: „Ist die Kirche im heutigen Europa überhaupt in einer Krisensituation? Die Antwort hängt davon ab, wie man das Wort ‚Krise' versteht. Wenn es bedeutet, dass die Kirche in ihrer Existenz bedroht ist, dann muss die Antwort negativ ausfallen. Wenn ‚Krise' aber bedeutet, dass die Kirche sich in einer neuen Situation befindet, in der alte Gewohnheiten nicht mehr funktionieren, dann ist die Antwort bestimmt ‚ja'."[34]

Die „neue Situation" wird in der Beschreibung der Postmoderne gemeinhin mit Stichworten wie Pluralismus, Individualismus und Globalisierung beschrieben, Phänomene, die mit dem „weltweiten Triumph der kapitalistischen Marktwirtschaft" zusammenhängen und die typische Marktsituation mit seiner Antriebskraft des Wettbewerbs geschaffen haben. Neu ist die allumfassende Herrschaft des Marktes, auch auf geistigem Gebiet. „Pluralismus – das heißt, der Verlust auch jedes restlichen Monopols der Kirche auf dem Gebiet der Werte und der geistigen Orientierung." Albrecht Grözinger fasst die daraus entstehende Herausforderung für Kirche und Theologie in drei Problemkreise: in die Individualisierung der Lebenswelten, die sich allgemeinen Verbindlichkeiten entziehen, in den Verdacht

Neu ist die allumfassende Herrschaft des Marktes, auch auf geistigem Gebiet

---

34 Peter L. Berger, McJesus, Incorporated. Kirchen als Unternehmer: Die pluralistische Gesellschaft verlangt neue Strategien, in: Süddeutsche Zeitung vom 6./7.3. 1999

Dr. Martin Hoffmann

gegen die „großen Erzählungen" als Symbol- und Deutemuster für das Leben und in den Zwang zur ständigen „Erfindung des eigenen Lebens", also die Nötigung zur ständigen Wahl von Lebenswegen und -deutungen.[35]

Treffen solche Beschreibungen die gegenwärtige Situation, dann unterliegt eine Durchstrukturierung der Kirche nach hierarchischen Unternehmensgesichtspunkten von vornherein dem Verdacht, die alte Monopolstellung wieder restituieren zu wollen und – schlimmer noch: die Anforderungen der Menschen heute gerade nicht ernst zu nehmen. Im Gegenteil: die primäre Orientierung an den vermuteten Bedürfnissen der Mitglieder führt bei immer individueller werdenden Lebensentwürfen zu zunehmender Abstraktion und Inhaltsleere der eigenen Botschaft, weil sie nur so noch universalisierbar erscheint. Belanglosigkeit aber ist der Totengräber der Kirche.

Belanglosigkeit ist der Totengräber der Kirche

Die Besinnung auf die Substanz der Kirche – die Konzentration auf das Glaubensthema, die sogar McKinsey empfiehlt, ohne freilich die Konsequenzen daraus für die Gestaltfrage zu ziehen – legt einen anderen Weg nahe.

Der Berliner Bischof Wolfgang Huber hat schon 1995 empfohlen: „Einsichten über die Zukunft der Kirche sind am ehesten aus dem Nachdenken über das Grundgeschehen von Kirche, nicht so sehr aus organisatorischen Erwägungen über die eine oder andere kirchliche Aktivität zu erwarten. Grundlegende Bekenntnisaussagen der evangelischen Kirche stimmen darin überein, dass sie die Kirche als Gemeinschaft von Brüdern und Schwestern beschreiben, die um Wort und Sakrament versammelt ist und durch den Heiligen Geist die Gegenwart Christi als ihres Herrn erfährt. ... Es liegt deshalb nahe, das Handeln der Kirche insgesamt vom Grundgeschehen der Predigt des Evangeliums und der Feier von Taufe und Abendmahl aus zu verste-

---

35 Vgl. A. Grözinger, Die Kirche – ist sie noch zu retten? Anstiftungen für das Christentum in postmoderner Gesellschaft, Gütersloh, 2. Aufl. 1998, bes. S. 11–29

hen."[36] Dieser Erneuerungsansatz von der Substanz der Kirche aus könnte wegweisend sein in drei Richtungen.

Wegweisungen

„Mit neuer Freude an Gottesdienst und Predigt fängt die Erneuerung der Kirche an."

Solche Freude entsteht dort, wo der Gottesdienst Feiercharakter gewinnt, nämlich der Feier der Gemeinschaft von Schwestern und Brüdern in der Gegenwart Christi. Diese ist keine beliebige, nur beschworene Gegenwart, sondern sie ist klar benannt als Gegenwart von Gottes Schalom, sofern Jesus Christus der Person gewordene Frieden Gottes selbst ist. Wo aber Gottes Schalom gefeiert wird, da tritt das ganze menschliche Leben mit seiner unvollkommenen, fragmentarischen Gestalt, mit seinem Leiden, seiner Unversöhnlichkeit und seinem Hass, seinen Niederlagen, aber auch mit seinen Wünschen, Sehnsüchten, Erfolgen und seinem Glück ins Licht der Verheißung und gewinnt von daher seine Deutung und seine Zukunft.

So kann gerade der Gottesdienst in all seinen Dimensionen zur Befreiung vom Zwang einer stets neu zu leistenden „Erfindung des eigenen Lebens" werden, weil er selbst in neues Leben stellt. Die gemeinsame Feier, und das meint keine bloße Pfarrersveranstaltung, sondern eine von den Gemeindegliedern mit ihren Charismen erfüllte Feier, spricht eine neue Sprache: nicht die Sprache des Wettbewerbs und der Konkurrenz, der Sieger und der Starken, sondern die Sprache der Versöhnten. So gewinnt die Feier selbst den Vorgeschmack auf eine versöhnte Menschheit. Aus der Konzentration auf die Verkündigung entspringt auch – wie Huber anmerkt – die Bildungsverantwortung der Kirche, mit der sie in der Gesellschaft öffent-

Die Sprache der Versöhnten

---

36 W. Huber, Kirche – wohin? Eine Problemanzeige in zwanzig Thesen, in: Glaube und Lernen 10 (1995), S. 98–103

Dr. Martin Hoffmann

liche Verantwortung und Mitarbeit an der „missio dei" wahrnimmt.

„Die Kirche ist eine Gemeinschaft, der Menschen durch die Taufe zugehören."

Das durch die Taufe begründete Priestertum aller Gläubigen wird zwar oft als protestantisches Grundprinzip beschworen, aber selten für die Gestalt von Kirche fruchtbar gemacht. Zu fragen wäre von da aus:
Wie lange können wir noch die Mehrzahl der Kirchenmitglieder als passive, rezeptive oder nur reaktive Objekte kirchlichen Handelns begreifen? Wie verträgt sich die Rede von kirchlichen Führungskräften, Mitarbeitern und Kunden mit dem Priestertum aller Gläubigen? Offensichtlich transportiert hier die Sprache klare Machtinteressen.

Sehr bewusst haben die Reformatoren die Pfarrer als „ministri verbi divini", als Diener an Wort und Sakrament bezeichnet. Wie verträgt sich damit die Ämterkumulation im Dienst des Pfarrers und der Pfarrerin? Ist es nicht höchste Zeit, die Gemeindeleitung der Gemeinde zu übertragen, so dass vorhandene Charismen der Leitung und Führung zum Zug kommen können, anstatt in wenigen Crash-Kursen Pfarrer und Pfarrerinnen zu halbgebildeten Managern und Organisationsentwicklern ausbilden zu wollen?

Zur Gemeindeleitung gehört Finanz- und Personalhoheit über die gemeindlichen Belange

Zur Gemeindeleitung gehört auch die Finanz- und Personalhoheit über die gemeindlichen Belange. Wie lange können wir es uns noch leisten, mündige Kirchenvorstände als Bittsteller bei kirchlichen Aufsichtsbehörden auftreten zu lassen, um Anteile aus dem durch die Kirchensteuer selbst bereitgestellten Finanztopf zu erhalten?

Schließlich ist vom Priestertum aller Gläubigen aus auch über die Kirchenfinanzierung insgesamt nachzudenken. Wenn nur noch ca. 40 Prozent der einkommensteuerpflichtigen Kirchenmitglieder überhaupt Kirchensteuer zahlen und nur noch 25 Prozent Kirchgeld entrichten, dann ist die in der Taufe begrün-

Quo vadis ecclesia?

dete Gleichheit längst aufgehoben. Dann helfen auch Appelle der Kirchenleitung an Phantasie und Kreativität vor Ort und laute Rufe nach Stiftungen und alternativen Finanzierungswegen dem Gleichheitsgrundsatz nicht auf. Es wird höchste Zeit, wirklich alternative Finanzierungsmodelle zu entwickeln, die dem Grundgeschehen der Kirche entsprechen.

So wäre ein Modell zu prüfen, das eine „Finanzierung von oben" durch die zentrale Kirchensteuer durch eine „Finanzierung von unten", also Mitgliedsbeiträge an die Ortsgemeinde und Abgabe eines Anteils davon für übergeordnete Kirchenaufgaben „nach oben" ersetzt. Zwei Vorteile wären deutlich: Die höhere Identifikation mit der eigenen, nun direkt finanzierten Gemeinde und ihren Aktivitäten sowie die „Kontrolle von unten". In jedem Fall ist die Kirchenfinanzierung nicht nur professionell zu verwalten, sondern vor allem theologisch zu überprüfen. Die Identifikation der Getauften mit ihrer Kirche ist ein entscheidendes Gut.

Die Identifikation der Getauften mit ihrer Kirche ist ein entscheidendes Gut

Eine Erneuerung der Kirche vom Grundgeschehen der Taufe aus muss auch „eine Erneuerung des Katechumenats" umfassen.

Dazu gehören eine intensivierte und ausgeweitete Taufvorbereitung als ein Schwerpunkt gemeindepädagogischen Handelns in einer zunehmend entkirchlichten Situation sowie eine Aufwertung der Konfirmation. Wenn sie kaum mehr Konsequenzen für das spätere Verhältnis zu Kirche und Gemeinde hat (Trauung, Bestattung), dann wird sie zum bloßen Schwellenritus herabgewürdigt. An das Bekenntnis in der Konfirmation ließe sich etwa auch die finanzielle Verpflichtung der Kirchenzugehörigkeit knüpfen, um die Kindertaufe vom Geruch der finanziellen Nachwuchssicherung zu befreien.

Insgesamt müsste deutlich werden, dass eine im Grundgeschehen der Taufe begründete Kirche eine Gestalt und Praxis einschließt, die sowohl an der Freiheit wie der Gleichheit aller Gläubigen orientiert ist und auf einen verantwortlichen, kontrollierten Umgang mit anvertrauter Macht zielt.

Dr. Martin Hoffmann

> „Die Glieder der Kirche werden im Herrenmahl der Gemeinschaft mit Christus und untereinander gewiss. ... An das Grundgeschehen des Abendmahls schließt sich eine Praxis an, die an der Barmherzigkeit für Schwache und Unterdrückte wie an der Fürsorge für die natürliche Mitwelt ausgerichtet ist."

Wenn wir dieses Grundgeschehen und seine Konsequenzen ernst nehmen, gewinnt die kirchliche Praxis ein eindeutiges inhaltliches Profil, das so viele Menschen vermissen: Zuerst bedeutet die Abendmahlsgemeinschaft eine grundsätzliche Standortbestimmung von Kirche. Die Gemeinschaft in der Kirche kann nie identisch sein mit Gemeinschaften, die sich aus nationalen, ethnischen oder ideologischen Interessen heraus definieren. Der Geist Gottes sammelt sein Volk aus allen Völkern und Nationen. Darum darf der Pluralismus in Kirche und Gesellschaft nicht als Gefährdung der Einheit verteufelt werden. In ihm kann sich auch die Vielfalt der Wirkungen des Geistes Gottes widerspiegeln. Als Grenzen und Interessen überschreitende Gemeinschaft kann die Kirche gerade eine substantielle Vorstellung eines gelingenden Pluralismus freisetzen. Die Kirche als „Institution der Zivilgesellschaft"[37] oder als „intermediäre Institution"[38] sind Begriffe dafür, die auf der Linie ihres Grundgeschehens liegen, wenn sie nicht nur als neutrale Vermittlungsinstanz gefasst werden, sondern das Moment der

Pluralismus in Kirche und Gesellschaft darf nicht als Gefährdung der Einheit verteufelt werden

---

37 Vgl. Peter L. Berger, a.a.O.: „Was heißt das nun – ‚Kirche als Institution der Zivilgesellschaft'? Zivilgesellschaft ist das Agglomerat von Institutionen, die zwischen der Privatsphäre des einzelnen und den Mega-Institutionen der modernen Welt liegen und zwischen ihnen vermitteln. Diese intermediären Institutionen sind weder Staat noch Wirtschaft, obwohl sie natürlich von diesen beiden Mächten dauernd beeinflußt werden."

38 Vgl. W. Huber, Kirche in der Zeitenwende, Gütersloh, 1998, S. 269, wo er dies als die zentrale Funktion von Kirche heute herausarbeitet: „Sie vermittelt zwischen den einzelnen und ihren gesellschaftlichen Lebenszusammenhängen; sie vermittelt aber vor allem zwischen den einzelnen und der geglaubten Wirklichkeit Gottes. In diesem doppelten und zugleich spezifischen Sinn ist die Kirche eine intermediäre Institution."

Quo vadis ecclesia?

Parteinahme für die Schwachen als ihren spezifischen Beitrag zur Zivilgesellschaft mit einschließt.

Sodann lässt sich „die Praxis der Barmherzigkeit" konkretisieren, wenn man die Leitthemen der ökumenischen Kirchengemeinschaft „Frieden, Gerechtigkeit, Bewahrung der Schöpfung" an der Grundaussage des Evangeliums für konkrete Situationen durchspielt:

Was bedeutet die Liebe Gottes zu den Menschen angesichts zahlloser Konflikte, von Gewalt und Kriegen? Was ist die Rolle der Kirchen in diesem Spannungsfeld? Als Werkzeug von Gottes prophetischem Geist müssen die Kirchen viel deutlicher zum Anwalt von Frieden werden gegenüber globalen, regionalen und lokalen Machtsystemen, müssen sie konkret am Abbau von Vorurteilen und Feindbildern arbeiten und sich gewaltsamen Konfliktlösungen widersetzen. Im Umgang mit Aussiedlern, Ausländern, Flüchtlingen und Asylsuchenden, aber auch in der Stellung zu kriegerischem Konfliktaustrag könnte, ja müsste sich dieses inhaltliche Profil von der Ortsgemeinde bis zur Weltkirche zeigen. Der konstruktiv-bildende Beitrag zu Kultur- und Gesellschaftsgestaltung liegt demgemäß in der Friedenserziehung. Dazu gehört die Erziehung zur Konfliktfähigkeit, das Einüben gewaltfreier Konfliktbearbeitung und Konfliktvermittlung in allen Bereichen ihres Wirkens, von der Arbeit mit Kindern und Jugendlichen über Religions- und Konfirmandenunterricht bis zur Erwachsenenbildung. Die ökumenische Dekade „Gewalt überwinden" bietet dazu eine großartige Chance.

Der Beitrag zu Kultur- und Gesellschaftsgestaltung liegt in der Friedenserziehung

Was bedeutet die Liebe Gottes zu den Menschen angesichts der immer größer werdenden Kluft von Arm und Reich, angesichts des Nord-Süd-Gefälles, angesichts neuer Armut und Arbeitslosigkeit in unserem Land? Wäre es nicht Aufgabe der Kirchen, die längst notwendige öffentliche Diskussion über die Gesetze der Marktwirtschaft, die Folgen der Globalisierung und den immer unverfrorener zum Götzen werdenden Kapitalismus in Gang zu bringen? Das Sozialwort der Kirchen war ein erster

Dr. Martin Hoffmann

Anfang. Die Eine-Welt-Arbeit von kirchlichen Basisgruppen darf kein Randthema kirchlicher Arbeit bleiben, sondern ist folgerichtiger Ausdruck des Abendmahlsgeschehens und damit ein Zentralthema von Kirche. Ein eindeutiges Engagement in Fragen der wirtschaftlichen Gerechtigkeit würde kirchliches Handeln profilieren.

Was bedeutet die Liebe Gottes zu den Menschen angesichts der Ausbeutung unserer Lebensgrundlagen: der Ressourcen der Erde, der Natur selbst und auch der Lebensbedingungen des Menschen? Wenn etwa der Lebensrhythmus von Arbeit und Ruhe (Sonntag) geopfert und Migration und Umweltkriege provoziert werden, dann können die Kirchen der Liebe Gottes zu den Menschen nur im Engagement für die Bewahrung der Schöpfung entsprechen.

Auch wenn einzelne Schlussfolgerungen immer umstritten sein werden, darf die Kirche den Konsequenzen ihres eigenen Grundgeschehens nicht ausweichen. Hier liegt die Quelle nötiger, nämlich geistlicher Erneuerung. Aus der Konzentration auf ihre eigene Substanz gewinnt sie inhaltliches Profil, Eindeutigkeit und Belang. So wird sie attraktiv für Menschen, die ähnlich denken, aber sich schon lange nichts mehr von Kirche erhoffen, so wird sie zur Provokation für Menschen, die anders denken. Der öffentliche Diskurs um die humanen Grundlagen von Kultur und Gesellschaft lässt sich weder mit rückwärts gewandten Wertebeschwörungen noch mit der Entwicklung von Strukturen und Design der Kirche bestreiten. Wer sich Sorgen um die Zukunft der Kirche macht, der wird nicht beim Streit um Management-Methoden stehen bleiben können, sondern fragen, welchem Geist und welchem Ziel die Kirche zu dienen hat. Neue Strukturen lassen sich erst nach dem Wagnis des Aufbruchs finden.

Dr. Martin Hoffmann

Aus der Konzentration auf ihre eigene Substanz gewinnt Kirche inhaltliches Profil

Dr. Johannes Friedrich

Werben an Christi statt

Das Positionspapier „Evangelium hören. Wider die Ökonomisierung der Kirche und die Praxisferne der Kirchenorganisation"[39] hat mich geärgert. Das hängt nicht nur damit zusammen, dass ich das Evangelische München-Programm als zukunftsweisende Initiative begrüßt habe. Als Nürnberger Dekan habe ich durch „Evangelisch in Nürnberg" etwas Ähnliches probiert. Beide Programme versuchen geistlich und organisatorisch die „Kommunikation des Evangeliums" zu verwirklichen.

Das Problem von „Evangelium hören" liegt für mich in folgenden Punkten:

Es wird der Eindruck erweckt, als würde es im Hinblick auf die Zukunft der Kirche – wie in Kirchenkampfzeiten – einen eindeutig richtigen und einen eindeutig falschen Weg geben. Das häufige „statt" und „anstatt" erinnert an Schwarz-Weiß-Denken der Vergangenheit. Geistlich finde ich diese Alternativen fragwürdig, weil die Autoren für sich in Anspruch nehmen, auf das Wort Gottes zu hören, dem Rest der Kirche aber unterstellen, dies nicht mehr zu tun. Kirchenpolitisch wird ein Gegensatz hergestellt zwischen einer Kirche, die professionell arbeiten will und infolgedessen auch wirtschaftlich handelt, und einer Kirche, die am Hören des Wortes Gottes orientiert ist und ihr Handeln theologisch reflektiert.

Schwarz-Weiß-Denken der Vergangenheit

Ich stelle die Gegenthese auf: Wer die Kommunikation des

---

39 Das 1999 vom Initiativkreis „Kirche in der Wettbewerbsgesellschaft" herausgegebene Papier, zu dessen Redaktionskreis Dr. Martin Hoffmann gehört, wird von seinen Verfassern selbst als „theologischer Ruf zur Erneuerung" verstanden. Es setzt sich kritisch mit dem reformerischen „Evangelischen München-Programm" und dem verwandten „Evangelisch in Nürnberg" auseinander. Die im Folgenden in Anführungszeichen gesetzten Formulierungen sind diesem Papier entnommen.

Dr. Johannes Friedrich

Evangeliums will, muss das Hören auf das Wort Gottes mit professionellem Arbeiten und wirtschaftlichem Handeln verbinden. Hören auf das Wort Gottes ist ein geistlicher Akt, der unter ethischen Gesichtspunkten in der Praxis der Kirche professionell und wirtschaftlich umgesetzt werden soll.

Ökonomisierung und wirtschaftliches Handeln

Es ist richtig, dass unsere Welt gegenwärtig von einer Ökonomisierungswelle erfasst wird. Freilich kann ich nicht erkennen, dass dies in der Kirche der Fall ist. Ökonomisierung bedeutet, dass sich Handeln am Schlagen der Konkurrenz, an der Eroberung des (Welt-)Marktes, an radikaler Gewinn-Maximierung und radikaler Kosten-Minimierung orientiert.

Die Kirche besitzt keine Arbeitsfelder, in denen sich Gewinne erzielen lassen

Die Kirche besitzt keine Arbeitsfelder, in denen sich Gewinne erzielen lassen und Konkurrenten wirtschaftlich geschlagen werden könnten. Das ist auch mit ihrem Status als Körperschaft des Öffentlichen Rechts nicht vereinbar. Wenn sie dennoch wirtschaftliches Handeln einführt, so dient das dazu, Arbeitsbereiche, die nur mit Zuschüssen aus der Allgemeinen Kirchenkasse zu finanzieren sind, weiter aufrechterhalten zu können. Dies entspricht dem kirchlichen Auftrag und ist um der Menschen willen notwendig.

Zugespitzt möchte ich formulieren: Arbeitsfelder der Kirche und Diakonie, zum Beispiel Arbeit mit Alleinerziehenden, mit Asylbewerbern und Flüchtlingen, mit Alten und Kranken, mit Kindern und Jugendlichen sind allesamt unwirtschaftlich. Es lassen sich damit keine Gewinne erzielen. Vor allen dann nicht, wenn kirchlich-diakonisches Engagement die (wirtschaftlich) Schwachen mit einbezieht, sich also nicht die reichen Alten und Kranken herauspickt. Der Gebrauch des Wortes Ökonomisierung im Hinblick auf die Kirche ist völlig fehl am Platz und verharmlost, was in der Wirtschaft geschieht.

Kirche im Wettbewerb

Problematisch finde ich, dass der Begriff „Kirche in der Wettbewerbsgesellschaft" negativ konnotiert wird. Kirche befindet sich mit der Kommunikation des Evangeliums zwar nicht wirtschaftlich, aber weltanschaulich und religiös in einem Wettbewerb – das ist nichts Neues, das war schon in der Antike so. Im Römischen Reich hat die Kirche den Wettbewerb mit den Jupiter- und Venus-Tempeln, mit Mithras-Heiligtümern und übrigens auch mit der Synagoge glänzend bestanden. Es ist ihr bekanntlich verheißen, dass sie diesen auch in Zukunft nicht verlieren wird.

Ja zur christlichen Leitkultur

Wenn die Kommunikation des Evangeliums wirksam sein soll, kann es der Kirche nicht gleichgültig sein, ob sie „arm oder reich", „kulturbestimmend oder gesellschaftlich marginalisiert" ist. Um den kirchlichen Auftrag erfüllen zu können, muss unser Ziel sein, gesellschaftlich relevant und das heißt auch kulturbestimmend oder zumindest kultur-mitbestimmend zu sein. Um Menschen wirksam helfen zu können, sind finanzielle Mittel erforderlich. Daher gehört es zur guten Haushalterschaft, das Kirchensteuersystem stets neu zu begründen, um Spenden-Gelder zu werben und alles zusammen wirtschaftlich vertretbar zu verwenden. Das erwartet die Gesellschaft von uns.

Es gehört zur guten Haushalterschaft, das Kirchensteuersystem stets neu zu begründen

Kommunikation des Evangeliums bedeutet nicht, dass wir einen wie auch immer gearteten Zwang auf die Gesellschaft ausüben. Es bedeutet aber, dass wir das Christentum in Europa als Leitkultur festhalten und seine Leistungen für die europäische Gesellschaft herausstellen. Das Evangelium ist immer auch ein „Objekt der Vermittlung". In der Tradition hat man von der ‚notitia' des Glaubens gesprochen. Sie ist sehr wohl lernbar und vermittelbar. Unsere Aufgabe als Pfarrerinnen und Pfarrer liegt darin, dies in der Öffentlichkeit, vor allem auch in der Schule zu

Dr. Johannes Friedrich

tun. Indem wir so unser „Amt wahrnehmen", haben wir ein klares Ziel, das wir verwirklichen möchten: dass möglichst viele Menschen sich zur Kirche zählen und ihre Gottesdienste besuchen.

Glieder und Mitarbeitende der Kirche

Es ist sinnvoll, zwischen der ecclesia invisibilis und der ecclesia visibilis zu unterscheiden. Der Begriff „Leib Christi" (1 Korinther 12,12–31) beschreibt unterschiedliche Aufgaben und Charismen und macht deren Zusammenwirken deutlich. Leitung ist als Teil des Leibes Christi zu verstehen. Dass sie deswegen innerhalb der hauptamtlichen Mitarbeiterschaft keine vorgesetzte Aufgabe sein kann, ist mir nicht einsichtig. Auch halte ich wenig davon, so zu tun, als würde man dort ohne „Unter- und Überordnung" auskommen. Wer dies behauptet, kaschiert Probleme.

Im dienstrechtlichen Sinn gibt es Unter- und Überordnung

Unter- und Überordnung im geistlichen Sinn gibt es nicht, da für die Reformatoren alle Christen vor Gott gleich sind und eine geistliche Hierarchie abgelehnt wird. Im dienstrechtlichen Sinn, unter hauptamtlichen Mitarbeitenden aber gibt es sie, weil nur so Kompetenzen und Verantwortlichkeiten klar beschrieben und kontrolliert werden können.

Daher finde ich auch problematisch, Episkopae und Personalentwicklung gegeneinander auszuspielen und letztere als „Mitarbeiterrhetorik" abzutun. Berufliche Tätigkeit setzt auch in der Kirche unterschiedliche Qualifikationen voraus, die gefördert und bewertet werden müssen. Teil des Leibes Christi zu sein, setzt allein die Taufe voraus. Sie ist eine geistliche, keine berufliche „Qualifikation".

Ich halte es für dringend notwendig, den theologischen Begriff „Glied der Kirche" nicht mit dem „Mitarbeiter-Begriff" eines Dienstverhältnisses zu vermischen. Hier zu unterscheiden hat gute Gründe. Kirche ist nicht nur „Heilsanstalt zur Predigt des Evangeliums und zur Auferbauung der Gemeinde", sondern auch Arbeitgeberin. Kirchliche Arbeitnehmende haben ein Anrecht darauf, dienstlich gefördert und eingesetzt zu werden. Sie müssen sich auch zur Verantwortung ziehen lassen. „Laien" hingegen stehen in keinem Dienst- und Treueverhältnis und werden auch nicht bezahlt. Von ihnen ist zwar geistlich etwas zu verlangen, nicht aber dienstlich.

Kommunikation des Evangeliums

Wir wirken durch unsere erfolgreich gestartete Kommunikationsinitiative deutlich nach außen. Die Kommunikation des Evangeliums muss offen und deutlich sichtbar werden. Wir tun das nicht, weil wir uns „dem Werben des Wortes Gottes" verschließen, sondern weil wir uns ihm öffnen. Wir werben nicht für uns selbst, genauso wenig wie wir uns selbst predigen, sondern wir werben für – und wir predigen Jesus Christus, unseren Herrn.

Ich kann nicht nachvollziehen, dass die Kirche nur dann mehr für sich werben muss, wenn „sie sich selbst dem Werben des Wortes Gottes verschließt". Auch das ist eine falsche Alternative und verrät ein unreflektiertes Feindbild. Wer sich dem Wort Gottes verschließt, wird auch nicht mehr für die Kirche werben wollen. Dem ist die Kirche schlechterdings egal.

Wer sich dem Wort Gottes verschließt, wird auch nicht mehr für die Kirche werben wollen

Weil wir uns dem Wort Gottes nicht verschließen, sondern das Evangelium kommunizieren wollen, werben wir für die Kirche Jesu Christi. Wir tun dies in Erinnerung daran, dass wir schwach sind und Menschen nur bitten können, das Evangelium anzunehmen. Dennoch dürfen wir mit Paulus gewiss sein, dass wir sie an Christi statt bitten. Wir dürfen gewiss sein, dass in unserer Schwachheit Christi Kraft mächtig ist. Dies verleiht unserer Bitte und der Kommunikation des Evangeliums geistliche Autorität und Kraft.

Dr. Johannes Friedrich

Dr. Matthias Flothow

Informell und anomisch

Neun Tage vor seinem Tod erhielt Immanuel Kant (Philosoph, 82) den Besuch seines Arztes. Alt, krank und nahezu blind, erhob er sich aus seinem Stuhl und stand zitternd vor Schwäche da, unverständliche Worte murmelnd. Schließlich erkannte sein treusorgender Freund, dass er sich nicht eher wieder setzen würde, als bis der Besucher Platz genommen hätte. Das tat er, dann ließ sich Kant in seinen Stuhl helfen, und nachdem er wieder etwas zu Kräften gekommen war, sagte er: „Das Gefühl für Humanität hat mich noch nicht verlassen." Die beiden Männer waren fast zu Tränen gerührt.[40] Obgleich das Wort „Humanität" im 18. Jahrhundert vor allem Höflichkeit oder gesittetes Betragen bedeutete, hatte es für Kant doch einen tieferen Sinn.

In der Folge hat das Wort Humanität eine Karriere gemacht, die abgekoppelt war von Förmlichkeiten des Betragens. Diese Förmlichkeiten dankten ab. Das Förmliche wird sogar das Hinderliche für Humanität. Es beiseite legen zu können, ist der erste Schritt zu besserem Verstehen. Und „besseres Verstehen" – sich authentisch ohne Schwellen der Konvention gegenüberzutreten – ist das nicht Humanität? Unter dem Anspruch des Authentischen ist das emphatische „Du" die einzig mögliche Anrede. Die Förmlichkeit des „Sie" steht erstarrt da, nicht mehr zitternd in Anstrengung wie Kant, der sich nach dem Freund dann doch setzt, sondern wie ein Denkmal.

Was Studenten als Befreiung initiierten, greift als Mode um sich

Was Studenten als Befreiung initiierten, greift als Mode um sich. Völlig fremde Firmen reden dich im Internet mit Du an. Die intime, mit acht Millionen anderen Bundesbürgern verschworene Gemeinsamkeit der Netznutzung genügt, um dich

---

40 Zitiert bei: Georges Didi-Huberman, Vor einem Bild, 2000, S. 119

in diese besondere Vertrautheit des DU zu hieven. Wir sind integriert in die Usergemeinde, nein, wir sind die Gemeinde im Netz. Dort stören Formalitäten nur noch. „mfg" ist schon Emphase. Längere Prozeduren kosten schließlich schon immer Zeit. Da Zeit dabei unmittelbar Geld ist und derartige Formalitäten nichts zum Geschäft beitragen, können diese Prozeduren als Unwissenheit gedeutet werden und sind Zumutung.

Emanzipation fordert Du, nicht Dich

Dass das Leben informeller wird, macht es vielfältiger, bunter, führt zu mehr und unterschiedlicheren Begegnungen und vereinfacht Beruf und Alltag. Will man es nicht so vertraulich sagen, so kann man auf die emanzipatorischen Impulse der Informalisierung hinweisen. Alte tatsächliche und etwaige Klassenschranken fallen, die sich in Anrede- und Verhaltensstandards niederschlugen. Wer Bill eine E-Mail schickt (es funktioniert auch auf deutsch!), bekommt vom amerikanischen Präsidenten eine E-Mail zurück. Nah zu sein bedarf es wenig dank Informalisierung.

Nah zu sein bedarf es wenig

Peinlichkeit ist unbekannt

Angefügt werden muss noch ein Bezug auf die anfangs eingeführte „Humanität", damit das kulturoptimistische Cluster des Informellen steht. Dieser Bezug ist leicht geliefert durch Adolph Freiherr von Knigge, „diesen tiefen Kenner der Menschen und der Bestien" (Heinrich Heine). Knigge schreibt sein Werk „Über den Umgang mit Menschen" nach eigenen Angaben dazu, um die Schwächen von Menschen zu schonen und sie davor zu bewahren, in peinliche Lagen zu geraten.
Wenn aber Peinlichkeit das Herausfallen aus Verhaltenskonventionen ist, kann man sich des Problems „Peinlichkeit" nicht nur auf dem Weg entledigen, dass man sich künftig „benimmt". Man kann die Lösung auch so finden, dass man die Verhaltensstandards einfach auflöst. Aus etwas Aufgelöstem kann man nicht mehr herausfallen. Damit werden Knigges Regeln im Na-

men der Humanität überflüssig. Die Peinlichkeit ist unterlaufen. (Mein Textprogramm meldet mir dazu, dass das Wort „Peinlichkeit" nicht bekannt ist. Q.e.d.) Es findet nun ständig das statt, was Menschlichkeit erzeugt: Informalität, Emanzipation der Beziehungen, wahre menschliche Kontakte. Kant kann sitzen bleiben. Was hat er nur? Was quält er sich so sinnlos? Setz dich, Alter, damit wir uns einmal unterhalten können.[41]

Solche Zusammenhänge bekommen Aktualität, wenn sich – wie in München – im Gefüge menschlicher Informalität ein Störfall von Geldkungelei zugetragen hat. Wie in allen Institutionen, so ist es nicht anders in der Kirche: einmal eingerichtete Fehler werden im Lauf der Zeit zu Selbstverständlichkeiten des Systems. Sie gehören dazu. Systemelemente sind kaum mehr vom System selbst zu korrigieren. Dieses folgt einfach seinen neuen Regeln. Aus der Sicht der Prüfer war es anomisch, was geschehen war, wider die Regeln, Anlass zum Einschreiten. Die kaum mehr gekannten Waffen der Aufsicht wurden zur allgemeinen Überraschung geschärft. Dass „sich niemand persönlich bereichert hat"[42], wurde als Entlastungszug zu einem Zeitpunkt eingesetzt, als die Kassen noch gar nicht gesichtet waren. Die kurzzeitige Konfusion, wer die Aufsicht hätte,

41 Dass Kant zu seiner Zeit kein langweiliger Pedant, sondern ein anerkannt beliebter Mensch der Gesellschaft war, beweist das Glück, das es um ihn herum bedeutete, wenn er einer Einladung zusagte („Prinzessin Jacobi"). Seine Liebe zu Billard, L'hombre, zu langer Mittagsgesellschaft und dazu, den Kaviar direkt am Herstellungsort in Pillau zu kosten, führten Hamann zur besorgten Feststellung, dass Kant „durch einen Strudel gesellschaftlicher Zerstreuungen fortgerissen sei" und er daran zweifelte, ob Kant die „Menge Arbeiten", die er im Kopfe habe, vollenden wird (Brief an Lindner vom 1.2.1764).

42 Es ist eine Engführung, dass hier wohl immer nur der Transfer von Geldbeträgen in den privaten Geldsack der nicht Verfügungsberechtigten gemeint war. Der Einsatz von illegitimer Steuerungsmacht und die korrespondierende Dankbarkeit/Aufmerksamkeit, das Vorenthalten dieser Mittel gegenüber den berechtigten Eigentümern, die Umgehung der zuständigen Sachgremien enttarnen die „niemand persönlich"-Argumentation als Ablenkungsversuch.

Informell und anomisch

lähmte nicht den Aufklärungsdrang. Es gab plötzlich einen unübergehbaren Ruf nach Klärung der Kassenlage – die CDU-Kassenschiebereien bereiteten das Milieu, Focus schuf die Öffentlichkeit.

Da die Summen angesichts einer stets sparenden Kirche gewaltig waren, war Aufmerksamkeit garantiert. „Evangelisch in München" wurde publizistisch so belebt, wie es bemühte Kampagnen vorher nie vermochten.

Nicht forsches Marketing oder sanfte Sinn-Plakate haben es geschafft, nicht Reibungsverluste oder Konfliktausbrüche in perpetuierten und stets verheißungsvollen Umstrukturierungsrunden, sondern das Geld. Es verschaffte eine mehrwöchige publizistische Aufmerksamkeit, kraft der der Landesbischof schließlich erstmals die ganze Titelseite des Münchener Teils der SZ besetzen durfte.

Wird die Dynamik nun nochmals gemustert und mit Theorieelementen verknüpft, so soll damit einer schnellen Deutung Material in den Weg gelegt werden. So rasch die Rechnungsprüfer die Fakten (das Geld) im Datenbereich ordnen mögen – im Bereich der Einstellungen, die in das Debakel führten, ist mit einer solchen Revision noch wenig gewonnen. Dass die „persönliche" Seite der Angelegenheit nicht mehr durchschlagend ist gegenüber dem Regelverstoß, dem synodalen Mitwirkungsgebot und dem öffentlichen Vertrauensverlust, lässt aufhorchen. Der Ruf eines Organs der Kirchenleitung: „Es ist kein Ruhmesblatt für einen Pfarrer, die Gesetze nicht zu kennen" trifft auf eine Dynamik, die genauer zu sehen hilfreich sein kann, um mit ihr adäquat umzugehen.

„Es ist kein Ruhmesblatt für einen Pfarrer, die Gesetze nicht zu kennen"

Die Doppelfunktion der Informalisierung

Sämtliche Erscheinungen sind damit benannt, die in einen dynamischen Zusammenhang gesetzt werden sollen: Informalisierung, Anomie und die besondere Richtung innerkirchlicher Intimität. Erwartet werden kann ein Vorschlag, den Zusammenhang zwischen diesen Erscheinungen zu sehen. Möglicherwei-

Dr. Matthias Flothow

se ergibt dieser Motivationskomplex - ist er einmal gesehen - auch Erklärungsmöglichkeiten für andere Zusammenhänge. Zusätzlich fallen als Nebenprodukt einige Gedanken zur Art der Handlungsfeldbestimmung von Kirche ab.

Norbert Elias hat in seiner Analyse des Zivilisationsprozesses auf die Dynamik hingewiesen, die in der Veränderung von Verhaltensstandards liegt. Ihm folgend kann man eine Abnahme der Vorschriften erkennen, mit denen unser Umgang geregelt wird. Dieser Prozess beginnt schon im 19. Jahrhundert, nachdem in den vorangegangenen Jahrhunderten eine zunehmende Verfeinerung der Verhaltensvorschriften stattfand.

Die gegenseitig sich durchsetzenden Abhängigkeiten verschiedener Tätigkeiten in der sich entfaltenden Gesellschaft, der Zugang von Fachleuten in Bereiche einstmaliger Staatsmonopole, die demokratischen Impulse und schließlich die Mobilität, kraft derer häufiger Menschen unterschiedlichen Gepräges sich begegneten und das unbefragt Konventionelle zunehmend in den Bereich des Gestaltbaren hinüberglitt – alle diese Bewegungen führten dazu, das „Außen" des Betragens zu relativieren.

Die Menschen rücken dabei enger zusammen

Die Menschen rücken dabei enger zusammen. Die alten Standes-, Bildungs- und Machtdifferenzen werden nivelliert. Das ist Ausdruck von Emanzipation. Die neuen Manieren, mit denen man jetzt umgeht, bezeugen eine größere wechselseitige Identifikation. In ihnen drückt sich nicht nur Rücksicht aufeinander auf gleicher Augenhöhe aus (Solidarität), sondern auch eine damit neu erlebte Individualität. Das anerkennende „Ah – Er ist ja doch ein ganz normaler Mensch" wird zu einer lobenden Auszeichnung. Die Freiheitsräume der Individualität wachsen dabei.

Defensive Institution

Jedoch merkt man auch hier den Teufel nicht, selbst wenn er uns schon am Kragen hätte. Die Anzahl der Verhaltensweisen ist geschrumpft, die in den „guten Manieren" vorgegeben ist.

Informell und anomisch

Und die Durchsetzung des verbleibenden Restes ist weniger streng geworden. Den neuen Freiheitsgraden entspricht eine geringere Regelungsdichte im öffentlichen Bereich.

Dabei werden Regeln in Gefügen, die nicht auf personale Kommunikation eingestellt sind, also in Institutionen, geschwächt (Durkheim). Die kulturellen Orientierungen mittels Institutionen lösen sich auf. Sie können den neuen Ansprüchen auf zwischenmenschliche Nähe und Authentizität nicht genügen.

Die kulturellen Orientierungen mittels Institutionen lösen sich auf

Institutionen sachgerecht zu behandeln, setzt bei differenzierten Großorganisationen Bildungsarbeit voraus, die nicht jeder zu leisten bereit ist.[43] Es setzt auch auf allen Seiten den Verzicht auf einfache hierarchische Orientierungen voraus.

Genauer besehen ist in unserem Zusammenhang einschlägig, dass unter den Bedingungen der Informalisierung Institutionen prinzipiell versagen. Prinzipiell versagen sie, weil rechtlich strukturierte Gebilde ihre Leistungsfähigkeit gerade daraus gewinnen, dass sie sich unabhängig halten von der Dominanz des Partikularen und Aktuellen. Authentizität und Nähe vermitteln sich jedoch gerade partikular und aktuos. So entspricht der zunehmenden Informalisierung das steigende Misstrauen gegenüber Regelungen, die formaler oder kulturell präformierter Art sind.

Auch eine Kirchenorganisation bleibt von solcher Dynamik nicht unberührt. Sie reagiert – etwas hilflos – indem sie beispielsweise fortan „mit freundlichen Grüßen" unterzeichnet und sich personal geriert. Sie passt sich dem individualisierten Habitus an und verbirgt nach Möglichkeit das rechtliche Gefüge, in dem sie doch einzig berechtigt ist zu handeln. „Strukturelle Permissivität" ist die defensive Reaktion dessen, der sich mit seinem institutionellen Habitus im Abseits sieht.[44]

---

43 Allein der Zeitfaktor bringt eine Kluft. Die virulente Selbstvergewisserung kann nie warten, sie erwartet im „Jetzt" die Antwort. Institutionen dagegen können selten sofort, stante pede reagieren.
44 Am Rande sei auf einen sich verstärkenden Regelkreis aufmerksam gemacht: Die Geringschätzung von formalen Regelungen führt fast

Dr. Matthias Flothow

Die Verschiebung greift noch tiefer. Aus einem ehemals (rechtlich) geregelten Raum, in dem für alle Seiten Rechte und Pflichten beschrieben waren, wird jetzt ein Raum, der quasi privatrechtlich geregelt scheint. Solange ich einen anderen nicht in seiner Entfaltungsfreiheit einschränke, bin ich berechtigt zu jeder Art Verhalten. So entsteht ein Bereich, der nur noch dann auf rechtliche Grundsätze zurückgreift, wenn andere Verständigungen in Konflikten scheitern. So wird die Berufung auf alle begründende rechtliche (und nichtrechtliche) Zusammenhänge auf die Seite gedrängt. Im Rennen zwischen Supervisor und Revisor ist Super allemal besser als Re. Seitens des Individuums verstärkt sich so das Recht auf informelles Handeln. Seitens der Institution wächst der Rechtfertigungsdruck, sich „menschlich", personal zu verhalten. Das Individuum gestaltet seine Ziele und die institutionelle Kommunikation erscheint demgegenüber hoffnungslos unpersönlich, ja unmenschlich.

Im Rennen zwischen Supervisor und Revisor ist Super allemal besser als Re

Neue Freiheit – zwanghaft gesichert

Die Auswirkung des Informellen betrifft nun nicht nur die Schnittstelle zwischen individuellem Handeln und Institution. Sie verändert auch die Kommunikation in der Sphäre des Informellen. Die mit dem Verlassen des Formellen angestrebte Authentizität durch Informalisierung hat nicht nur die befreiende Möglichkeit, sich stracks in identitätsstiftende Kontexte aufzumachen, Beziehungen in neuer, weil nun entgrenzter und enthemmter Weise zu pflegen. In diese neue Möglichkeit schiebt

zwangsläufig dazu, dass in solcher Dynamik entstehende Neuregelungen (Satzungen, Gesetze) mit geringerer Sorgfalt erarbeitet werden. Inkonsistente Satzungen jedoch führen zu einer verstärkten Mißachtung von derartigen papierenen Sätzen. Verursachen unsystematische Satzungen doch nahezu unlösbare Konflikte, so dass man von hier aus sogar ein verqueres Recht beanspruchen kann, die Ordnungen beiseite zu legen. Soviel zu diesem sich selbst verstärkenden Regelkreis. Da die Finanzmisere im Dekanatsbezirk München der Ausgangspunkt dieser Überlegungen war, sei als Beispiel für diese Fußnote auf die neu erstellte Satzung eben dieses Dekanatsbezirks hingewiesen.

sich – wie eine Erinnerung an doch noch nicht erreichtes Elysium – ein neuer Zwang. Das Glück des Informellen hat einen Begleiter. Es ist die erneute Abgrenzung, die der neu errungenen Authentizität des informellen Kontaktes folgt.

Das Glück des Informellen hat einen Begleiter

Diese neuen Unterschiede und Abgrenzungen sind nun nicht mehr äußerlich in Umgangston, Anrede oder Emotion zu erkennen. Die mit der Sonde der Authentizität und mit der Macht emanzipatorischen Wissens erkannten, als bloß konventionell enttarnten Normen des Umgangs miteinander fallen nur in dieser enttarnten Gestalt weg. Die Normen generieren sich in anderer Form neu. Ihre individualisierende Funktion ist unaufgebbar – im Namen der Authentizität. Und einmal von ihrem Platz vertrieben, suchen sich die alten Funktionen neue Mittel und Wege, um sich in ihrer alten Funktion neu zur Geltung zu bringen. Der konventionelle Weg ist abgeschnitten, der unkonventionelle wird nicht mehr gemeinsam, sondern nun aus dem Zwang der Situation jeweils neu und experimentell geschaffen – partikular und getarnt. Die Verhaltensstandards werden flexibler und abgestufter, die Spielarten vervielfachen sich. In ungeahnter Weise werden so Individualisierung und Destandardisierung zu Merkmalen unserer Zeit.

Die öffentliche Seite dieser Entwicklung ist die Ausbreitung anomischer Handlungsfelder, in denen das Bewusstsein des Abschieds vom Öffentlichen nicht mehr besteht. Das Öffentliche kommt im Spiel der Liebe mit eigenem Regelwerk nicht mehr vor. Die Rückführung der Eigenheiten der Gruppe aus dem Halbdunkel des Informellen ins öffentliche Licht der Presse stößt so auf empörtes Unverständnis und lässt vor allem fragen, welcher Maulwurf das verraten hat?[45]

Welcher Maulwurf hat das verraten?

---

45 Die Diskrepanz, dass hier einerseits eine Angst vor Öffentlichkeit erscheint, während im Bereich der selbstinszenierten Darstellung eine (Sehn-)Sucht nach Öffentlichkeit besteht, ist von manchen bemerkt worden. Dass diese beiden Seiten nicht unabhängig voneinander sind, sondern einen Zusammenhang unter dem Gesichtspunkt der Informalisierung haben, kann mit diesen Überlegungen erkannt werden.

Dr. Matthias Flothow

Der Prozess der Informalisierung ist damit auf seiner ersten Stufe beschrieben. Die Aufweichung von Verhaltensstandards ist nicht von einer Befreiung von Zwängen begleitet. Im Gegenteil. Ein anderes Set von Zwängen entsteht, allerdings anderer Art als bisher. Der Wunsch, Individualität und Selbsterfüllung nicht alleine, sondern gemeinsam, in Gruppen oder in gesellschaftlichen Bewegungen zu erleben[46], führt zu einer Sozialisierung neuer Art. Das neue Leben ist beileibe nicht normfrei. Es kennt deutlicher und bedrohlicher als vorher ein Innen und Außen, jetzt allerdings nicht innerhalb des Verhaltenshaushalts jeder einzelnen Person, sondern in Gruppen. Die Verhaltensregulierung wird verlagert von den anerkannten Standards der Öffentlichkeit im Unterschied zur Privatheit hin zu den intimen Normen einzelner Gruppen. Diese Normen sind nicht ohne Selbstzwänge und Selbstkontrollen. Diese finden jedoch auf einer anderen Ebene statt, als vor Beginn des Informalisierungsprozesses.[47]

In der Jugendkultur war es allgemeine Beobachtung, dass Abgrenzungsverhalten Jugendlicher dadurch von der übrigen Gesellschaft pariert wurde, dass diese eben dieses Verhalten zur allgemeinen Mode erhob. Das „Establishment" pariert den Angriff durch Adaption. So wird auch hier das Informelle zur Norm erhoben und damit förmlich. So verfliegt die neue Unabhängigkeit und landet, wenn auch anders angezogen, wieder auf der Erde. Neu entstanden ist dabei nur im Hintergrund eine Unruhe, eine Verhaltensunsicherheit: Bin ich noch jemand anderes oder bin ich schon eingemeindet, bin ich noch in der Aufbruchsrhetorik oder haben andere mich schon längst überholt und ich bleibe zurück, habe es nur noch nicht gemerkt? Findet informell jetzt woanders statt? Kann man nicht ungeregelt informell sein?

So verfliegt die neue Unabhängigkeit und landet, wenn auch anders angezogen, wieder auf der Erde

---

46 Gerhard Schmidt, Freizeitgesellschaft, 1993
47 Cas Wouters, Informalisierung, 1999

Informell und anomisch

Casual Church

Um dieser Unsicherheit aus dem Weg zu gehen, leisten sich die allzeit förmlichen Investmentbanker der Deutschen Bank jeden Freitag das Informelle: den Casual Friday. Aus dem Banker-Deutsch übersetzt wird der saloppe, lässige Freitag daraus. Nicht dunkler Anzug, Nadelstreifen, Weste, Streifenhemd, dezente Krawatte bestimmen die Halle – alles Attribute der Förmlichkeit –, sondern ganz leger Jeans, Polo-Shirt und Strickpullover sind gefragt. Im Gruppenzwang allerdings. Trägt nicht selbst Bill Gates lässige Pullover Marke blau-beige gestreiftes Mittelmaß? Und die ganze Zukunftssparte IT? Gestärkte Kragen sind Zeichen der Old Economy. Mehr muss man dazu nicht sagen.
Eine Mitarbeiterin zeigte sich trotzig auch freitags im schicken Kostüm: „Ich bin casual im Kopf, das muss genügen." Bis sie diskret per E-Mail aufgefordert wurde, den Designerdress zu vertauschen, nicht etwa gegen Badeschlappen, Shorts und Jogginghosen. „Smart casual" ist erwünschte, kalkulierte Golfplatzlässigkeit. Und so hat man neben dem Nadelstreifen auch noch den zwanglosen, aber deshalb nicht kostengünstigen Zwirn im Schrank. Der Gleichklang von cash und casual ist vielleicht kein Zufall.[48] Die informelle Regulierung der Abweichlerin auch nicht.
Diese Entwicklung zeigt, dass man nicht ungestraft uncasual werden kann. Und dass man nicht ungeregelt casual sein kann. Das ist besonders für eine Kirche bemerkenswert, die von vielen ihrer Betrachter schon lange im Freizeitsektor angesiedelt ist. Nachdem vielerorts die Kleidung casual geworden ist, werden es nun die Verhaltensweisen. Dies geschieht aber mit Folgen, die bedenkenswert sind.
Informelle Verhaltensstandards müssen besser internalisiert

Der Gleichklang von cash und casual ist vielleicht kein Zufall

---

48 Mitgeteilt von Barbara Goldberg in der Frankfurter Rundschau im Mai 2000

Dr. Matthias Flothow

Nachdem vielerorts die Kleidung casual geworden ist, werden es nun die Verhaltensweisen

werden, weil sie nicht kodifiziert sind. Sie werden strenger sanktioniert, weil sie keinen ermöglichenden und stabilisierenden Ordnungsrahmen mehr haben. Ihre Übertretungen sind prekärer, weil in ihren Folgen möglicherweise für den Einzelnen nicht revidierbar. Die Verhaltensformen tendieren zu einer Binnenstruktur, in der riskante Neubalancierung, Veränderung und Reibung eine sozialintegrative Funktion erhält. Diese Binnenstruktur ist jedoch für Außenstehende aufgrund der intern sich erzeugenden eigenen Beziehungsregeln nur noch schwer durchschaubar. Wer innen ist, hat es geschafft, aber noch nicht auf Dauer. Der Druck des diffus drohenden Nicht-dazugehörens bleibt.[49]

Umgekehrt sind die internen Konventionen auch zunehmend nicht mehr anschlussfähig an Regelungen eines Rechtsgefüges, einer öffentlichen Diskussion, einer gerichtlichen Überprüfbarkeit. Damit ist ein Zusammenhang beschrieben, in dem Anomie nicht mehr als solche erscheint. Konsequenterweise werden so individuelle und informelle Kriterien relevant: Ist genug miteinander gesprochen worden? Oder das zutiefst entwaffnende: Er hat vor seinem Interview nicht mit mir gesprochen! Es entlarvt den anderen (scheinbar) als Regelbrecher. Es erhellt aber noch mehr die Einstellung des Sprechers selbst: Orientierung in privat-strukturierten, informellen Verhaltensmustern.

Tyrannei der Intimität

Richard Sennett bringt die so entstandene Dynamik auf den Begriff: Tyrannei der Intimität. Diese Ideologie der Intimität verwandelt alle politischen Kategorien in psychologische. Sie defi-

---

49 Hier ist zum besseren Verständnis nochmals auf Kant zurückzukommen, der in der Metaphysik der Sitten, Tugendlehre, § 46, den Sachverhalt in seinen Worten beschreibt: „Freundschaft ist ... doch zugleich etwas so Zartes, dass, wenn man sie auf Gefühle beruhen läßt, und dieser wechselseitigen Mitteilung und Ergebung nicht Grundsätze oder das Gemeinmachen verhütende, und die Wechselliebe durch Fo(r)derungen der Achtung einschränkende Regeln unterlegt, sie keinen Augenblick vor Unterbrechungen sicher ist; dergleichen unter unkultivierten Personen gewöhnlich sind ... ."

Informell und anomisch

niert die Menschenfreundlichkeit einer Gesellschaft ohne Götter: Menschliche Wärme ist unser Gott.

„Menschliche Wärme ist unser Gott"

Entwertete Öffentlichkeit

Einer solchen Entwicklung kommt eine Dynamik entgegen, die sich im öffentlichen Raum ereignet. Nicht nur in den intimen Gesellungsweisen, selbst baulich kann an unseren Städten die Entleerung des öffentlichen Raums abgelesen werden. Der öffentliche Raum wird für die Fortbewegung instrumentalisiert. Dadurch wird er zu einem Raum, in dem man sich nicht aufhält. Man überbrückt ihn möglichst schnell. Unter der merkwürdig einseitigen Bestimmung von Stadtstraßen als Fortbewegungsraum werden die Straßen unbedeutend für alles, was sich nicht der bloßen Bewegung unterordnen lässt. Damit verliert der öffentliche Raum seine Erfahrungsqualität. Er wird bedrohlich. Es ist besser, dort nicht zu verweilen.

Dieses Absterben des öffentlichen Raums ist verantwortlich dafür, dass die Menschen im Bereich der Intimität, also der engen Sozialbeziehungen ohne öffentliche Sphäre, das zusätzlich suchen, was ihnen in der Unwirtlichkeit des öffentlichen Raums versagt bleibt. Sennett entwickelt daraus die These, dass ein aus dem Gleichgewicht geratenes Privatleben und ein öffentliches Leben, das leer ist, das schlüssige Ende des Modernisierungsprozesses bilden.

Die öffentliche Sphäre wird nicht mehr – wie noch in der Aufklärung – als ein eigentümliches Netz kommunikativer Beziehungen wahrgenommen. Vielmehr erscheint das öffentliche Leben als moralisch fragwürdig. Dem entspricht die vorher beschriebene Entwertung allgemein verbindlicher Normen. Das Individuum stützt sich auf die privaten Beziehungen. Und wieder werden in der so entleerten und entwerteten Öffentlichkeit anomische Verhaltensweisen beiläufiger, unwesentlicher.

Die Verstärkung dieser Tendenz liegt für den öffentlichen Raum auf der Hand: Die Stadtbewohner, die weiterhin die besondere Qualität der öffentlichen Sphäre schätzen, fühlen sich

Dr. Matthias Flothow

weniger den unsicheren Stadtverhältnissen ausgesetzt. Privat orientierte Stadtbewohner fühlen sich bedroht, obwohl gerade sie sich eher nicht-städtisch verhalten – und ebenso: weil sie sich eher nicht-städtisch verhalten.

Die Wärme der Intimität

Nur nichts nach außen!

Informalisierungen führen so zu einer spezifischen Form anomischer Spannungen. Diese erscheinen jedoch in informellen Kontexten bewältigbar durch eine kleinfamilienähnliche Verhaltensweise: Nur nichts nach außen!

Von außen erscheint ein solches Verhalten leicht als Kumpanei. Nach innen ist Kumpanei legitimiert von der Jovialität, das gleiche karge Geschäft zu betreiben, wo der Kuchen doch nur einmal zu verteilen ist. Das hindert nicht, dass man – wenn es doch nur einen Kuchen gibt – gleichzeitig auf das nötige Licht für die eigene Person achtet. Schließlich gehört gelungene Selbstdarstellung zu den neuen Zwängen des Informellen.

Hinter dieser Entwicklung zeigt sich auch eine mögliche Erklärung, warum der Außenbezug der evangelischen Kirche, nicht nur im Stadtkontext, sinkt. Die Energie ist in den privaten, also binneninstitutionellen Auseinandersetzungen gebunden. Diese sind nicht nur unendlich wichtig, sie entfalten auch unendlichen Gesprächsbedarf und – ob es so ist? – Reibungswärme.

Wir sind erregt, also sind wir

Wir sind erregt, also sind wir. Konflikte in der Sache, im Denken, in unterschiedlichem Weltverhältnis werden als Zusammentreffen selbstkonstitutiver Spontanakte verstanden, damit ihres Inhalts entleert und als Requisite im informellen Spiel gedeutet.

Die regelbasierte, auf Gesetze und Verordnungen gestützte Verwaltung und Leitung erscheint auf dem Hintergrund der Informalisierung als Verhalten, das dem alten Äon zugehört. Es wird ganz unverständlich, warum Regeln aus dem alten Äon noch gelten sollen, wo doch die kleine Herde schon zu den neuen Ufern des Personalentwicklungsgesprächs mit Feedbackmöglichkeit aufgebrochen ist.

Informell und anomisch

(Eine Anmerkung aus dem Bereich der expliziten Theologie: Man ahnt, dass die Frage nach dem tertius usus legis unter diesen Umständen gar nicht mehr gestellt werden muss, wenn doch der usus elenchticus längst seine Einlösung in der Wärme der Informalität ankündigt.)

Was folgt daraus?

Ein neuer Ruf zu einem institutionsgemäßen Verhalten kann nur dann gehört werden, wenn die unmittelbar selbstkonstitutiven Ansprüche abgelöst werden und unterschieden werden vom Handeln im institutionellen Kontext. Das setzt gerade bei dem Metier des Glaubens als dem, was unbedingt angeht, ein hohes Unterscheidungsvermögen des jeweilig bestimmenden Handlungskontextes voraus.

Damit könnte auch eine Handlungsfähigkeit in der Öffentlichkeit wieder erworben werden. Es ginge nicht mehr so warm zu. Das muss dann kein Schaden sein, wenn andererseits die Reibungswärme bei der Auseinandersetzung um gutes Leben, nicht nur privates Glück, neu entsteht.

Ob man den bereits gemachten Erfahrungs- und Leidensschatz an Konflikten fruchtbar machen kann, der als Grund und Ursache von Regelungen durchscheint? Dann wäre die Versuchung geringer, jeden Konflikt neu selbst ausagieren zu wollen. Man könnte innergemeindliche Modernisierungen relativieren, indem man kräfteschonend danach fragt, was an Handlungsmöglichkeiten und -regeln vorgegeben ist.

Den Erfahrungs- und Leidensschatz an Konflikten fruchtbar machen

Damit schwände allerdings die Begeisterung, in selbst- oder gruppenbezüglichen Strategien Freiheit erbeuten zu wollen. Dabei könnte man auch dem Phänomen auf die Spur kommen, dass Selbstkonstitution und Sozialintegration dann unersättlich und gnadenlos sein werden, wenn sie sich selbst herstellen wollen.[50]

50 Gerade diese unersättliche Sozialintegration, oft mit biographischer Dramatik auch noch legitimiert, steht in der Versuchung, ihre entfesselte Dynamik in der Polemik gegenüber der Institution Kirche ausagieren

Dr. Matthias Flothow

Möglicherweise steigen so die Möglichkeiten, als Kirche für andere hilfreich sein zu können.

Wenn die Kinder sich nicht lösen können

Schließlich ist darauf zu verweisen, dass enge Sozialverbände wie Familien nicht nur soziale Gesundheit gewährleisten, sondern auch – wenn die Kinder sich nicht lösen können – zum Regressionsraum mutieren, der vor der Herausforderung der feindlichen Welt bewahrt, aber infantil hält.

Dr. Matthias Flothow

zu wollen. Entsprechend abgründig fällt diese Polemik dann aus. Das betrifft gerade nicht nur milieubedingt Kirchenferne.

6 Kirche als Serviceagentur?

Umkehrung

162

Dr. Peter Barrenstein

Ganzheitliche Angebote

„Alles, was Gott geschaffen hat, ist gut, und nichts ist verwerflich, was mit Danksagung empfangen wird." Diesem biblischen Motto aus dem 1. Timotheusbrief folgend, könnte ich kurz und knapp sagen: So, in dieser Haltung mit Danksagung empfangen, sind alle kirchlichen Angebote in Ordnung.

Aus meiner eigenen Erfahrung mit meiner Kirche heraus möchte ich mich dem Thema aber differenzierter widmen. Meine zusammenfassende Antwort auf die Frage nach „Kirche als Service-Agentur" ist vielseitig:

Eine vielseitige Antwort

Zunächst sage ich ein klares „Ja" zur Rollenwahrnehmung der Kirche als Service-Agentur. Ein klares „Aber" formuliere ich zur derzeitigen professionellen Ausgestaltung der Rolle bzw. Rollen, und ein klares „Nein" formuliere ich zur Begrenzung der Rolle als „Service-Agentur" im engeren Sinn, d. h. bezogen auf die alleinige Fokussierung auf eben die Erbringung dieser Service-Leistungen selbst.

„Ja" zur Rollenwahrnehmung

Mein „Ja" zur Rollenwahrnehmung leite ich zunächst aus dem Auftrag des Evangeliums ab. Als Handlungsfelder sind dort definiert:
- Verkündigung der christlichen Botschaft als Sinn, Halt und Orientierung sowie als Impuls zu einem verantwortlichen Leben
- Zeichenhaftes Handeln im Sinne der Hilfe in Notsituationen, gesellschaftlicher Verantwortung und praktizierter Nächstenliebe
- Gemeinschaft erlebbar machen als Kirche und als Gemeinde.

Aus den beiden letztgenannten Bereichen folgt der klare Auf-

Dr. Peter Barrenstein

trag an die Institution zur karitativen, sozialen, erzieherischen oder – allgemeiner – kommunikativen Aufgabenerfüllung. Tatsächlich spielt unsere Institution Kirche hier bereits eine wichtige und gute Rolle. Gute Angebote reichen vom Kindergarten bis zur Krankenpflege, von der Erwachsenenbildung bis zur Betreuung von Asylbewerbern.

Ein im Zuge der aktuellen Kirchensteuerdiskussion oft diskutierter Wegfall dieser Rollenwahrnehmung müsste – zumindest meinem gesellschaftspolitischen Verständnis folgend – dann von anderen Organen unseres Gemeinwesens wahrgenommen werden. Im Sinne der Verantwortung für den/die Einzelnen, im Sinne unseres staatsbürgerlichen Selbstverständnisses oder – breiter – im Sinne unserer abendländischen Historie und Kultur scheint mir ein Verzicht auf diese Leistungen nicht vorstellbar.

„Aber" zur professionellen Ausgestaltung der Rolle

Kirche erfüllt in weiten Bereichen großartige Service-Leistungen

Es gibt viele hervorragende Beispiele von adäquater Rollenwahrnehmung. Auf der Basis enormen Engagements und großer Experimentierfreude erfüllt unsere Kirche in weiten Bereichen großartige Service-Leistungen.

Dem gegenüber steht aus meiner Erfahrung ein teilweise sehr erheblicher Mangel an Professionalität, an angemessener Art und Weise der Rollenwahrnehmung. Hier geht es mir weniger um die Frage von Kosteneffizienz als vielmehr um wirklich zielgerichtete Leistungserbringung, die bestmögliche Erreichung vorab zu definierender Ziele. Der Probleme gibt es meiner Ansicht nach viele, zu viele:

Im Bereich des Selbstverständnisses, der Vision scheinen mir viele Angebote zu oft nur am eigenen „besten Willen" denn am Anspruch größtmöglicher Bedürfnisbefriedigung bzw. größtmöglicher auch im Wettbewerbsvergleich bestehender Angebotsqualität orientiert zu sein. Die Bereitschaft, sich systematisch mit alternativen Vorgehensweisen auseinanderzusetzen, ist vielfach sehr begrenzt. Das Gleiche gilt für die Bereitschaft,

Ganzheitliche Angebote

von anderen, besseren Modellen aus Nachbargemeinden, Nachbarregionen zu lernen: Das „Hier stehe ich, ich kann nicht anders" scheint mir vielfach als große Barriere zur Verbesserung geradezu pervertiert zu werden.

„Hier stehe ich, ich kann nicht anders" wird pervertiert

Die Strategie bei der Erbringung von Service-Leistungen ist darüber hinaus zu oft an Vorhandenem denn an Möglichem orientiert. Darüber hinaus scheinen Begriffe wie Erfolgs- und/oder Zielorientierung suspekt, ja hinderlich für die eigene – wieder sehr individuelle – Entfaltung der Service-Treibenden. Richtige Fragen hier wären aber: Was denn – zum Beispiel regional – ist das richtige Angebotsportfolio, was sollten wir anders tun, was sollten wir gar nicht mehr tun? Was sind denn anspruchsvolle und auch nachhaltbare Zielsetzungen, was sind denn tatsächlich die Wünsche unserer Zielgruppen, und was wären die richtigen Instrumentarien, um möglichst viel zu erreichen?

Die begleitenden Strukturen im kirchlichen Umfeld sind durchwegs ineffizient, in vielen Bereichen nur „scheindemokratisch", weil ungesteuert, unkontrolliert und intransparent geführt. Allein die nicht nachlassende Einzelinitiative von haupt- und nebenamtlichen Mitarbeitern hilft oft, unsägliche Abläufe zu verkürzen und – trotz der Strukturen! – letztendlich zu Entscheidungen zu kommen.

Darüber hinaus erscheinen viele Systeme unzureichend. Dies beginnt bei der Mitarbeiterentwicklung sowie der Mitarbeiterbeurteilung und geht bis zu Planungs-, Steuerungs- und Kontrollsystemen zur Verfolgung der Akzeptanz von Angeboten. Die EDV-Unterstützung ist nach wie vor nicht optimal. Auch die Nutzung neuer Medien erscheint in manchen Bereichen noch deutlich verbesserungsfähig.

Der Stil im internen Umgang sowie den Mitgliedern gegenüber ist oft nicht adäquat. Begründet durch eine große Innenorientierung der Diskussionen ist oft wenig Lust vorhanden, sich in die Wünsche, Anforderungen und Bedürfnisse der jeweiligen Zielgruppen wirklich systematisch hineinzuversetzen. Veränderungsprozesse werden eher durch interne Diskussionen denn

Der Stil im internen Umgang sowie den Mitgliedern gegenüber ist oft nicht adäquat

Dr. Peter Barrenstein

durch kritische Auseinandersetzung mit dem eigenen „Marktumfeld" oder etwa Wettbewerbsangeboten induziert. Eine wirkliche Leistungsorientierung – wie auch die damit einhergehende Zielorientierung – scheint darüber hinaus verpönt. „Bestrafung" ebenso wie die ja noch wichtigere Belohnung (Neidgefühle) werden oft zerredet denn als Anregung und Motivation für auch zukünftig gute bzw. noch verbesserte Leistungen verstanden.

Auf der Mitarbeiterseite erscheint der Zufluss externen, nicht theologischen Know-hows zu zögerlich. Warum müssen Krankenhäuser von Theologen geführt werden, warum werden nicht zur Ergänzung von Theologen verstärkt Mitarbeitende aus den Bereichen der Betriebswirtschaft, des Marketing oder der Psychologie eingestellt, und dies auch in Führungspositionen? Warum wird nicht systematischer über alternative und attraktive Entlohnungs- bzw. Incentivierungssysteme nachgedacht?

In Summe scheint viel Verbesserungspotential vorhanden zu sein

In Summe scheint viel Verbesserungspotential vorhanden zu sein. Ähnliche Erfahrungen, vergleichbare Modelle von Dienstleistungsunternehmen aus dem wirtschaftlichen Umfeld können hier Beispiele geben und manch laienhaften eigenen Versuch von vornherein in erfolgsträchtigere Gleise umleiten. Stoßrichtung sollte dabei ein verbesserter Einsatz der begrenzten Mittel bei paralleler Erreichung maximaler Ergebnisse sein.

„Nein" zur Begrenzung der Rolle als Service-Agentur

Letztlich aber darf die Kirche und dürfen ihre Service-Angebote nicht nur so gut wie oder möglicherweise sogar besser als die potentieller Wettbewerber sein. Letztlich dürfen die Angebote eben nicht nur die „engeren" Wünsche und Bedürfnisse der jeweiligen Zielgruppen erfüllen. Das bessere Krankenhaus-Management, die interessanteren Bildungsangebote, der modernere Kindergarten sind anspruchsvolle Zielsetzungen, die aber – zumindest aus meinem Verständnis heraus – für kirchliche Angebote nicht ausreichend sind.

Ganzheitliche Angebote

Alle Service-Angebote der Institution Kirche müssen auch dem ersten Auftrag unseres Evangeliums genügen: der Verkündigung der christlichen Botschaft von Gottes Liebe und Gerechtigkeit. Erst die Kopplung dieses Ziels mit den Zielen des zeichenhaften Handelns und des Erlebbar-Machens von Gemeinschaft ergibt die differenzierende Kernkompetenz von Kirche und Glaube.

Die christliche Botschaft lebendig verkündigen

Angebote, die diesen Glaubensbezug nicht aufweisen oder „vergessen" haben, sollten auf den Prüfstand kommen und entweder verbessert und angepasst oder möglicherweise gestrichen und durch adäquatere, im Sinne des Evangeliums ganzheitliche Angebote ersetzt werden. Das ist eine zweifellos für viele provozierende These, aus meiner Sicht aber eine sehr existenzielle Forderung. Denn nur in dieser Verknüpfung von Service-Auftrag im engeren Sinne und Verkündigung unseres Glaubens kann die Kirche ihre Differenzierung und damit langfristige Existenzberechtigung ableiten.

Kirche als Service-Agentur? Zweifellos wäre es schön, wenn der Service-Gedanke in unserer Institution noch mehr an Raum gewinnen könnte. Professionalität, Zielorientierung, Mitgliederorientierung und auch Berücksichtigung der Wünsche von Mitarbeitern und Mitarbeiterinnen sind dabei Kernelemente der Angebotsgestaltung. Darüber hinaus sollten die Service-Angebote aber eben auch dazu beitragen, unseren Glauben zu leben und zu vermitteln, die christliche Botschaft lebendig zu verkünden.

Dr. Peter Barrenstein

Susanne Breit-Keßler

Unmögliches wird sofort erledigt

Fünf Gehminuten vom Münchner Landeskirchenamt entfernt befindet sich im so genannten Elisenhof, einem Laden- und Praxiskomplex, eine große Filiale des Drogeriemarktes Müller. Bis vor einiger Zeit bin ich dort nur im Notfall hingegangen, um Papiertaschentücher zu besorgen oder Kalkentferner und was dergleichen mehr ist an unverzichtbaren Haushaltsprodukten. Inzwischen kaufe ich dort liebend gerne Kosmetik und Parfum, diverse Schreibwaren und CDs von Bach bis ZZ-Top.
Was ist geschehen? Ich weiß es nicht. Ich weiß nur, dass der Service dort sich quasi von jetzt auf gleich verbessert hat. Die Verkaufenden sind freundlich und hilfsbereit, niemand grinst wie anderswo dümmlich, wenn ich einzelne Brocken aus einem Pop-Song stammelnd von mir gebe, bei dem ich weder Interpret noch Titel weiß, ich werde bei Kartenzahlung sofort mit meinem Namen angeredet und bekomme einen schönen Tag, Abend oder was gerade ansteht, gewünscht.

Menschlich-kommunikativ auf Vordermann und -frau gebracht

Ich wette, die Firma hat sich beraten lassen und ihr Personal menschlich-kommunikativ auf Vordermann und -frau gebracht. Ob es Herr Barrenstein von McKinsey war? Auch meine FIAT-Werkstatt begeistert mich mit Kundenfreundlichkeit – das heißt Schnelligkeit, Klarheit, Höflichkeit, angemessenes Preis-Leistungsverhältnis. Sie begeistert mich so, dass ich dem Geschäftsführer der AG einen lobenden Brief mit Kopie an die Werkstatt geschrieben habe, auf den ich sehr zügig eine persönliche Antwort bekam.
Andererseits ärgere ich mich seit unserem Umzug mit einer unfähigen Telekom herum, liege im Kampf mit der für mein Handy zuständigen Cellway Kommunikationsdienste GmbH, die beide weder in der Lage sind, Termine einzuhalten, richtige Rechnungen zu erstellen noch auf Briefe oder Faxe adäquat zu

reagieren. Offensichtlich besteht in manchen Kommunikationsunternehmen große Ahnungslosigkeit im Blick auf Kommunikation.

Ich ziehe natürlich für die Zukunft Konsequenzen aus solchen Erfahrungen. Wo immer ich Ärger mit Dienstleistungsunternehmen vermeiden kann, werde ich das tun – indem ich nämlich auf deren Dienste fürderhin gerne verzichte, so weit das geht. Inzwischen gibt es im Internet wunderbare Möglichkeiten, Missstände und eigenen Missmut in einem dafür vorgesehenen Forum publik zu machen (vocatus.de). Die Klagen – oder auch das Lob – werden zusätzlich den entsprechenden Unternehmen weitergeleitet.

Dienstbare Geister

So, wie ich hinsichtlich Klopapier und Telekom empfinde, werden andere im Blick auf Kirche denken, reden und handeln. Wer kennt nicht die Abende, an denen unerquickliche Geschichten aus dem Leben mit Kirche erzählt werden? Da wird über autoritären oder auch nichtssagenden, bloß zeitgeistlichen Religionsunterricht berichtet. Man beklagt nachlässig vorbereitete Gottesdienste und 08/15-Kasualien; wundert sich über die Trivialität mancher geistlichen Auftritte in den Medien.

Der Ton der Kirchensteuerämter wird ebenso moniert wie mangelnder Stil und zögerliche Bearbeitung von Anfragen u. ä. in anderen kirchlichen Behörden. Wenn nur die Hälfte wahr ist, ist das schon viel zuviel. Ich denke zunächst ganz pragmatisch: Menschen, die Kirchensteuer zahlen, haben ein Recht auf erstklassigen Service. Vergleicht man die Rundfunkgebühren einmal mit der Kirchensteuer – da kann man schon was verlangen.

Menschen, die Kirchensteuer zahlen, haben ein Recht auf erstklassigen Service

Andererseits ist die Kirche keine Bedürfnisbefriedigungs-Anstalt. Kirche und ihre Mitarbeitenden haben eine Botschaft an Kind, Mann und Frau zu bringen, die nicht in allen Punkten gefällig und angenehm ist. Das Wort vom gekreuzigten Christus ist – wie klug und überzeugend wir es auch präsentieren – manchen nach wie vor Ärgernis oder Torheit (1 Kor 1,23). Nehme ich überdies Agentur wörtlich, verstehe darunter wie der Duden eine Vertretung, eine Vermittlung oder Geschäftsstelle, dann ist das nicht sehr evangelisch gedacht.

Kirchenmenschen sind weder Erfüllungsgehilfen des Zeitgeistes noch Nick-Kumpane der Zeitgenossen. Sie sind auch nicht StellvertreterInnen Gottes auf Erden oder allein seligmachende, unumgängliche Heilsvermittlungsanstalt. Es ist festzuhalten am allgemeinen Priestertum aller Gläubigen und an den verschiedenen, gleichrangigen Aufgaben, die um der Ordnung willen eingesetzt sind (CA XIV). Nur ist es auch nötig, als dienstbarer Geist diese Aufgaben im Auftrag des Herrn sach- und fachgerecht und vom eigenen Charisma erfüllt, zu erledigen.

In der Bibel kommt das Wort Dienst 203-mal vor, dienen 208-mal. Die Diener tauchen 96-mal auf; eine Dienerin drei- und Dienerinnen fünfmal. Der Service für andere, der Dienst am anderen, die Diakonie im Wortsinn steht im Vordergrund der Existenz eines gläubigen Christenmenschen. Alle kirchlichen Ämter, ob sie Kirchensteuern erheben oder zurückzahlen, ob in ihnen verwaltet und Auskunft gegeben wird – sie müssen sich als Dienstleister verstehen und sich am Kunden, an der Kundin orientieren.

Runter vom Thron

Es ist absurd zu glauben, so, wie es in vielen behördenähnlichen Einrichtungen der Kirche nach wie vor praktiziert wird, die Leute schuldeten uns etwas – wir sind umgekehrt ihnen verpflichtet. Das haut einen natürlich vom imaginierten mittelalterlichen Thron der kirchlichen Selbstherrlichkeit – wir haben ihn ja längst nicht mehr inne – und zwingt mindestens zu Höflichkeit, eigentlich aber zur Empathie, zur Identifikation mit denen, mit denen Kirche es zu tun hat und schließlich auch zum Umwerben derer, die zur Kirche gehören oder gehören könnten.

Unmögliches wird sofort erledigt

Es hat erheblichen Effekt, sich als Dienstleistende zu verstehen und entsprechend zu handeln. Im Arbeitsbereich P.Ö.P. – Presse- und Öffentlichkeitsarbeit, Publizistik – ist es an der Tagesordnung, schnell zu reagieren und zurückzurufen, E-Mails zügig innerhalb weniger Stunden zu beantworten, angeforderte Materialien spätestens am nächsten Tag abzusenden und unbequeme Kritik bald ausführlich zu parieren ...

Mehrfach haben meine beiden Kollegen und ich Briefe oder Mails bekommen, in denen beabsichtigte Kirchenaustritte zurückgenommen oder gar vollzogene rückgängig gemacht wurden – weil unsere KundInnen sich mit ihrer Wut, ihrem Zorn oder auch ihrer Unkenntnis akzeptiert, verstanden und weitergebracht fühlten.

Der Haushaltsplan der bayerischen Landeskirche, von uns ins Internet gestellt, hat derlei Erfreuliches ebenso mit sich gebracht, wie die diversen Nachtschichten, die uns die Beantwortung von E-Mails zur leidigen Münchner Finanzaffäre abverlangt hat.

Solcher Service lohnt sich – genauso wie der, der in dem englischen Wort Service noch steckt: Gottesdienst. Auch wenn niemand perfekt ist – Schlampigkeiten, nachlässige Vorbereitung und liederliche Durchführung dürfen hier einfach nicht sein. Gottesdienste, Kasualien, Liturgie, Musik in der Kirche – alles hat der Ehre Gottes zu dienen und den Menschen von vielfältigem Nutzen zu sein: Optisch, akustisch, ästhetisch ... etwas für Kopf und Geist, für Körper und Seele, fürs Herz.

Zu einem umfassenden Service der Kirche gehört stilvoller Umgang mit anderen, Formbewusstsein, trotz der Ewigkeit, die sie vor Augen hat und den Jahrtausenden, in denen sie denkt, ein gewisses Arbeitstempo. Zum Service gehört, zugewandt und menschenfreundlich zu sein, aktuell zu agieren und nicht bloß reaktionär zu reagieren. Von einer dienstleistenden Kirche ist zu erwarten, dass ihre Mitarbeitenden Zeitgenossen und -genossinnen sind und ihre Worte und Taten klar und wahr sind. Fehler- und Sündhaftigkeit eingeschlossen.

Zu einem umfassenden Service der Kirche gehört stilvoller Umgang mit anderen, Formbewusstsein und ein gewisses Arbeitstempo

Susanne Breit-Keßler

Ziemlich ausgeschlafen

Es ist ein Dienst am Menschen, seinen oder ihren Wünschen nach Wort und Sakrament, der Sehnsucht nach Hoffnung und Heil, nach verheißungsvoller Transzendenz in freudiger und leidvoller Immanenz kompetent, professionell und im Blick auf die eigene Arbeit selbstkritisch zu entsprechen – so weit unter irdischen Bedingungen eben möglich. Zu diesem Dienst gehört es unabdingbar, ein klar erkennbares geistliches und weltzugewandtes Profil zu besitzen, gleichermaßen weltoffen und aufgeschlossen, identifizierbar und verlässlich zu sein.

Eine mehr als üppige Dame, die sich in einer Boutique in einen unvorteilhaften Designer-Stretchmini zwängt – welchen Service braucht die? Bewunderndes, kritikloses Gezirpe einer Verkäuferin, die das teure Stück unbedingt loswerden will? Oder doch besser den geschickten Hinweis darauf, dass der Fetzen nicht zur Persönlichkeit passt samt einer schönen, schmückenden Alternative, die das Feminin-Sinnliche der Dame weitaus mehr hervorhebt?

Im Studium habe ich nachhaltig gelernt, dass Liturgie und Ritual der emotionalen Stabilisierung dienen, die Predigt sich der im besten Sinne Verunsicherung, der Hinterfragung und Aufdeckung liebgewonnener Positionen widmen kann. Das ist der Service der anderen Art: Wünsche und Bedürfnisse nicht erfüllen, sondern Unruhe stiften, nicht in Ruhe lassen, Salz der Erde und Licht der Welt sein. Das verlangt natürlich, dass man selbst noch am Leben ist und mitten in demselben steht, zumindest aber nicht eingepennt, sondern ziemlich ausgeschlafen ist.

Service der anderen Art: Wünsche und Bedürfnisse nicht erfüllen

Der geistliche Kampf um die Feiertage bringt notwendig Kritik an Börsenöffnungszeiten mit sich – die aber eben auch missliebig ist. Genauso ist es bei der Asylfrage oder bei dem Einsatz für Frauen in Schwangerschaftskonflikten. In seelsorgerlichen Gesprächen besteht der Dienst nicht darin, dem Gegenüber nach dem Mund zu reden, sondern differenziert zu stabilisieren, zu hinterfragen und auch klare Vereinbarungen zu treffen und auf deren Einhaltung zu pochen.

Kirche ist kein reines Dienstleistungsunternehmen, weil die zu vertretende und zu verkündigende Botschaft im Dienst an Mensch und Gesellschaft auch Kritik und Konfrontation erfordert. Kirche leistet Einzelnen und der Gesellschaft dann gute Dienste, wenn in ihr das gedacht, gesagt und getan wird, was Menschen, ihrem Leben, Lieben, Sterben und Glauben dient.

Susanne Breit-Keßler

Die Autoren und Autorinnen

Reiner Appold, Kirchenrat, Referent für Personalplanung
Dr. Peter Barrenstein, Director, McKinsey & Company, Inc., Vorstandsmitglied AEU (Arbeitskreis Evangelischer Unternehmer in Deutschland e.V.)
Susanne Breit-Keßler, Kirchenrätin, Publizistin
Dorothee Burkhardt, Juristin, Kirchenverwaltungsdirektorin, Frauengleichstellungsstelle
Dr. Matthias Flothow, Pfarrer, München
Dr. Johannes Friedrich, Landesbischof der Evangelisch-Lutherischen Kirche in Bayern
Dr. Joachim Gneist, Theologe, Facharzt für Psychotherapie und Psychoanalyse
Dr. Dieter Haack, Präsident der Landessynode der Evangelisch-Lutherischen Kirche in Bayern
Martin Hoffmann, Rektor des Predigerseminars Bayreuth und Vorsitzender des Grundfragenausschusses der Landessynode
Hans Löhr, Pfarrer, Leiter der Geschäftsstelle des Evangelischen Münchenprogramms
Dr. Claus Meier, Oberkirchenrat, Finanzreferent
Hans Peetz, Dekan, Bayreuth
Franz Peschke, Oberkirchenrat, Personalreferent
Andreas Rickerl, Kirchenrat, Presse- und Öffentlichkeitsarbeit
Sigrid Schneider-Grube, Kirchenrätin und Diplompädagogin, Frauengleichstellungsstelle